JN080785

JSL

Japanese as a Second Language

小学校編

JSLバンドスケール

子どもの日本語の発達段階を把握し、
ことばの実践を考えるために

川上郁雄＝著

明石書店

JSLバンドスケール【小学校編】●目次

❶初めてJSLバンドスケールを使われる方へ　5

❷JSLバンドスケールを使ってみましょう　9

❸JSLバンドスケール　小学校　低学年　21

❹JSLバンドスケール　小学校　中高学年　95

❺付　録　169

1

初めてJSLバンドスケールを使われる方へ

1　日本語を学ぶ子どもたちとは

JSLバンドスケールは、日本国内で日本語を第二言語（Japanese as a Second Language：JSL）として学ぶ子どもたちを対象にして開発されました。

- 外国から日本にやってきた外国籍の子ども
- 家庭で日本語以外の言語を使用している子ども
- 海外から帰国し、日本語を学ぶ機会が少なかった日本人の子ども

などを含みます。

日本語を含む複数の言語に触れながら育つ子どもを、ここでは「日本語を学ぶ子ども」と呼びます。

2　何のために

<u>JSLバンドスケールを使うと、教師は何ができるようになりますか？</u>

教師は、

- 子どもの日本語の発達段階を把握することができます。
- 子どもが日本語を学ぶときにどのような補助を必要としているかを知ることができます。
- そのことをもとに、日本語教育の実践を準備し、実施することができます。
- 子どもの日本語の発達段階を教員間で共有し、発達過程を長期的に把握することができます。
- そのことにより、学校全体で、これらの子どもの教育方針を考えることができます。

<u>どのように使用しますか？</u>

- JSLバンドスケールには、「聞く」「話す」「読む」「書く」の4技能の発達段階の説明文があります。
- 教師は、子どもの日本語を使う様子や課題に取り組む様子をじっくり観察します。
- その上で、JSLバンドスケールの説明文や例と、子どもの日本語使用の様子を照らし合わせながら、子どもの日本語の発達段階を把握します。

JSLバンドスケールは「テスト」ですか？

- JSLバンドスケールは、「テスト」ではありません。
- 子どもの日本語の力を、1回のテストや一つの課題や場面だけで把握することはできません。
- JSLバンドスケールは、子どもの日本語の発達段階を広い視野で総合的に捉えるためのツールです。

JSLバンドスケールは日常的な実践から、日本語の発達段階を把握します。

- JSLバンドスケールは、日常的な実践の中で子どもがどのような「やりとり」をしているか、また課題に取り組む際、どのような様子かを観察することが基本です。
- したがって、JSLバンドスケールと日常的な実践を切り離すことはできません。
- 日本語の発達段階を踏まえて、子どもへの日本語教育の実践を長期的な視野で組み立てることが大切です。
- 子どもの日本語の力を、1日で把握することはできません。
- 日本語が覚えられないからといって、すぐに「発達障害があるのでは」と考えたり、「とりあえず特別支援学級に入れておこう」と考えるのは誤りです。子どもの発達を長期的な視野で考えるときに、JSLバンドスケールも、一つの有効なツールとなるでしょう。

**JSLバンドスケールは、日本語を学ぶ子どもの日本語の発達段階を把握し、
子どもの「ことばの力」を育むため、
どのような実践を行うかを考えるためのツールです。**

2

JSLバンドスケールを使ってみましょう

1　フレームワーク

ここからは、JSLバンドスケールのフレームワーク（枠組み）を説明します。

表1　JSLバンドスケールのフレームワーク

子どもの年齢	4技能	見立て（レベル）
小学校低学年	聞く	1・2・3・4・5・6・7
	話す	1・2・3・4・5・6・7
	読む	1・2・3・4・5・6・7
	書く	1・2・3・4・5・6・7
小学校中高学年	聞く	1・2・3・4・5・6・7
	話す	1・2・3・4・5・6・7
	読む	1・2・3・4・5・6・7
	書く	1・2・3・4・5・6・7
中学・高校	聞く	1・2・3・4・5・6・7・8
	話す	1・2・3・4・5・6・7・8
	読む	1・2・3・4・5・6・7・8
	書く	1・2・3・4・5・6・7・8

「子どもの年齢」は、子どもの発達段階による三つのグループを示しています[1]。

①小学校低学年　（1、2年生）
②小学校中高学年　（3、4、5、6年生）
③中学・高校　（中学1年生から高校3年生）

「見立て（レベル）」は、小学校は7段階、中学高校は8段階に設定されています。

1　これは脳の発達段階と学年を考慮して設定されています。

「初めて日本語に触れる段階」（日本語の力が弱い段階：レベル 1）
↓
「日本語を十分に使用できる段階」（日本語の力が十分にある段階：レベル 7、8）

「見立て（レベル）」に「0」はありません。これは、子どもの持つ「ことばの力」[2]にゼロはないという考え方です。日本語の言語知識がなくても、第一言語[3]を含む「ことばの力」はあると考えられるからです。

2 「見立て」

教師が、子どもの日本語の発達段階を把握することを、ここでは「見立て」といいます。

実際の教育現場には教師の他に、ボランティアの方や指導助手の方もいるでしょう。JSLバンドスケールの説明文の中では、「教師」という一般的な名称を使っていますが、その「教師」には教員だけではなく、子どもに日本語指導を行うボランティアの方や指導助手の方も含んでいるとお考えください。

「見立て」のプロセス

教師は、次のような手順で「見立て」を行います。

1. 子どもを観察する

子どもの「やりとり」[4]の様子を観察します。
たとえば、

・クラスメイトの言うことに反応するか。
・教師の指示に従って行動するか。
・質問に対して、内容を理解して適切に発話できるか。
・発話は、最後まで一貫して言い切ることができるか。
・詳細を聞きもらすことはないか。
・わからないことについて、自分で質問できるか。

---

2 「ことばの力」→4 「ことばの力」とは何か（p.15-17）
3 第一言語（子どもが誕生後に触れ、主に使用してきた言語）→キーワード解説「第一言語と母語」（p.174）
4 「やりとり」とは、子どもの第一言語や日本語、具体物、ジェスチャーなどを使って、子どもが教師やクラスメイトとコミュニケーションすることです。→キーワード解説「やりとり」（p.174）

子どもの様子の例：「黙っている」
「日本語がブツブツ切れる」
「ジェスチャーに頼る」など

2. 観察のメモをとる

実践の中で、子どもとの「やりとり」の様子をメモします。
たとえば、教師は、

- ・場面と子どもの反応や発話を、実践の後で記録する。
- ・どんなときに、子どもの反応が良くなるかに注目する。
- ・学習内容に関する質問に答えられるかをメモする。
- ・複雑な内容をどれくらい理解できたか、また言いあらわせたかに留意して、「やりとり」を書き取る。
- ・グループ活動の様子を録画して、後で理解度を確認する。

子どもの様子の例：「絵を使うと、よく理解が進む」
「ペラペラしゃべるが、抽象的なことは理解できない」など

3. 実践の中で考え、資料を集める

実践の中で、子どもに働きかけ、反応を見ながら観察し、資料（子どもの書いたもの、ノートのコピーなど）を集めます。
たとえば、観察するときに、以下の点に留意します。

- ・子どもが「読む活動」や「書く活動」にどれくらい参加できるか。
- ・どのような足場かけ（スキャフォールディング）[5]をすれば、どれくらい読める、書けるようになるか。
- ・読んだ内容をどれくらい理解できたか。
- ・言いたいことがどれくらい書けるのか。
- ・クラスメイトの書いたものに、どれくらい反応するか。

子どもの様子の例：「漢字にふりがなをつけると、声を出して読める」
「絵の周りに、単語を書くことができる」

5　足場かけ→キーワード解説「足場かけ」（p.173）

「モデル文を見ながら、文を書くことができる」

4. バンドスケールと見比べる

子どもの学年に合う「低学年」あるいは「中高学年」のJSLバンドスケールを選びます。子どもの「聞く」「話す」「読む」「書く」に関して集めた情報や資料と、JSLバンドスケールの説明文を見比べます。

5. バンドスケールのレベルを見立てる

子どもの様子と、JSLバンドスケールの説明文の重なりの最も多いレベルを当該の子どもの「聞く」「話す」「読む」「書く」レベルとして「見立て」ます。「見立て」は「聞く」「話す」「読む」「書く」それぞれで行います。

ここで具体的な例を見ながら、「見立て」を考えてみましょう。

目の前にいる、「低学年の子ども」の様子を見た教師が、以下のようなメモをとるとします。

・絵や具体物をたよりに、身近なことや好きなことについて、やりとりすることができる。
・日常会話において、二語文、三語文から、徐々に自分の言葉で話し出す。
・しかし、在籍クラスの授業では、教師とクラスメイトの会話に参加することは難しい。

これらのメモをもとに、次のページにある、「JSLバンドスケール　小学校　低学年『話す』」のチェックリスト（一部）と見比べます。

各レベルの項目を見て、当該の子どもの様子と重なる項目の□に、☑を入れていきます。この場合、レベル3とレベル4に該当する項目が複数ありますが、多くがレベル3にあるため、この場合、この子どもの「話す」力は、小学校低学年「話す」レベル3と考えます。

これが、JSLバンドスケールの「見立て」です。

JSLバンドスケール　小学校　低学年　「話す」チェックリスト			
	レベル2 よく耳にする日本語表現を使い始めるレベル	レベル3 「身近な話題」について、簡単な日本語でのやりとりができるようになるレベル	レベル4 「身近な話題」から「目の前にないもの」についても日本語で話そうとするレベル
子どもの様子・ことばのやりとり	□身近な場面で使う挨拶などの日本語を覚え、使い始める。 □身振りや具体物に頼ってコミュニケーションを行い、それをわかってくれる人と行動をともにする。 □質問を繰り返したり、他の子どもの発言を真似たりする。 □物語や詩、歌にある短い語句を繰り返すような活動に参加することができる。 □意味を伝えるために、日本語のイントネーションなどを使い始める。 □自分勝手に語句を組み合わせたりする。	☑挨拶や簡単な教室内の指示を理解し行動できる。 ☑絵や具体物をたよりに、身近なことや好きなことについて、やりとりすることができる。 ☑教師の質問に短く答えることができる。 ☑日常会話において、二語文、三語文から、徐々に自分の日本語で話し出す。 ☑しかし、在籍クラスの授業では、教師とクラスメイトの会話に参加することは難しい。 □限られた日本語力しかないので、言いたいことを日本語でどのように言うか考えるために時間がかかる。そのため、簡単なことを言う場合も、考えながら、あるいはつかえながら話す。	☑すでに学習した内容について、簡単な質問に答えることができる。 □よく聞いてくれる相手がいれば、自分の生い立ちや最近の出来事などについて、話すことができる。その話を、支援があれば、短くではあるがみんなの前で発表することができる。 ☑ただし、使える接続詞はわずかで（けど、だって、でも、など）、在籍クラスの授業で教師の質問に的確に答えるにはまだ困難がある。 □クラスメイトが使うような表現（～でね・うーんとね・～じゃん・でもさー、など）を使いながら話を続けることができるが、長い談話は途切れがちで、より正確に言おうとすると、ブツブツと途切れる。 （以下、略）

3　いつ使うのか

教師は、上記のように、ふだんの実践の中で子どもの様子を理解していきます。教室でのやりとりから子どもの「聞く」力、「話す」力について気づいたことをメモしましょう。また、子どもと一緒に本やプリント教材を読む場面から「読む」力について気づいたことをメモしましょう。あるいは手紙を書く活動、物語を作る活動など複数の「作文」から「書く」力の材料を集めましょう。それらをもとに、JSLバンドスケールの「説明文」と照らし合わせて、「聞く」「話す」「読む」「書く」のそれぞれの力を「見立て」ましょう。

日本語の力の発達段階は、簡単に進むものではありません。JSLバンドスケールは、1学期、あるいは半年に1回使用し、子どもの日本語の発達段階を把握しましょう。

子どもの日本語力のうち、「聞く」「話す」「読む」「書く」で発達のペースが異なる場合があります。たとえば、「聞く」「話す」がレベル4、「読む」がレベル3、「書く」がレベル2のように、デコボコしていることはよくあることです。文字に頼らない「聞く」「話す」の力が早く伸び、文字を媒介とする「読む」「書く」の力が伸びないように見えることはよくあることです。

したがって、日本語の発達段階を把握するため、JSLバンドスケールの「見立て」の結果を、子どもの「個人票」に記録し、子どものクラス担任が替わっても引き継ぎ、長期にわたってJSLバンドスケールを使用しましょう。

4 「ことばの力」とは何か

JSLバンドスケールの考える「ことばの力」について説明します。

①場面や相手に応じて「やりとりする力」

日本語には、ひらがな、カタカナや漢字、語彙、文法規則、慣用的表現など、言語知識と呼ばれるものがありますが、それらは「ことばの力」全体のほんの一部であり、すべてではありません。したがって、それらを覚えても「日本語のコミュニケーション能力」が必ずしも高まるわけではありません。JSLバンドスケールが重視するのは、場面や相手に応じて「やりとりする力」です。

②場面や相手により、「言葉を選択する力」

会話（A）

○じゃあ、次は、いつ遊ぶ。
●うーん。
○土曜日は、どう。
●土曜日。うん。土曜日なら、午後かなあ。

会話（B）

○では、次は、いつ開きましょうか。
●そうですね。
○土曜日は、どうですか。
●土曜日ですか。土曜日なら、午後ですかねえ。

上の会話（A）（B）を見比べてみましょう。誰が誰と話している会話と思いますか。（A）は子ども同士、（B）は大人同士の会話かもしれません。また、間柄はどうでしょうか。友だち同士のような親しい関係か職場の同僚同士のやや距離を置いた関係を想像するかもしれません。いずれにせよ、会話の内容は同じようなのに、場面や相手との関係によって言葉が異なるということにお気づきかと思います。

つまり、私たちは、日常的に、「どんなこと（内容）を」「誰に」「どのように」（話すのか、書くのか）を考えながら言葉を「選んで」使用しているのです（ハリデー、2001）。だからこそ、私たちは、子どもに話しかけるときと大人と話すときとでは、使用する言葉が異なってくるのです。これは、みなさんの日常会話を振り返れば、すぐにおわかりになるでしょう。このような「場面や相手によって、言葉を選ぶ力」も、「ことばの力」に含まれるのです。

③「ことばの力」は、総合的な（ホリスティックな）力

JSLバンドスケールは、日本語の語彙や文法知識などの習得を点数化して総合点を出すような、「部分の集合」として捉える言語能力観に立っていません。JSLバンドスケールの考える「ことばの力」は、場面や相手に応じて「やりとりする力」であり、文脈[6]（コンテクスト）を理解し、場面や相手や伝達方法（話すか、書くか）によって言葉を選択して使用する総合的な（ホリスティックな）力と捉えます。

したがって、日本語を学ぶ子どもの「ことばの教育」においても、文脈（コンテクスト）が重視されます。つまり、日本語を教える際も、文脈と言葉を切り離さず、子どもが日本語をホリスティックに（場面と合わせた形でまるごと）理解できるように指導することが大切となるのです。

④「ことばの力」は複合的な力

私たちが日頃、言葉を使う際、その言葉の知識だけではなく、第一言語や方言を使用した経験や外国語学習の経験など、多様な知識や技能や経験を利用しながらコミュニケーションを行っています。一人の人間の中にも、多様な知識や技能や経験が複合的に結びついて、「ことばの力」を形成しています。したがって、「ことばの力」は「複雑で、不均質だが、全体として一つ」（コスト・ムーア・ザラト、2011）のものと捉えられます。

子どもの日本語教育において、日本語だけが大切なのではなく、子どもの持つ第一言語も同様に重要なのです[7]。

6　文脈→キーワード解説「文脈」（p.173）

7　→キーワード解説「複言語・複文化能力」（p.173）

⑤日本語の力は動いている

「ことばの力」は複言語・複文化的なものです。したがって、「ことばの力」をベースに日本語学習をする子どもの日本語は常に動いているように見えます。つまり、子どもが使用する日本語には、「日本語の力が変化している」（動態性）という性質、「日本語の４技能（聞く、話す、読む、書く）が同じでない」（非均質性）という性質、「場面や相手によって日本語の表出が異なる」（相互作用性）という性質という三つの特徴があるのです。

したがって、このような性質（動態性、非均質性、相互作用性）のある日本語の力を、１回のテストで「測定」することは不可能なのです。

JSLバンドスケールは、このような「ことばの力」観に立って作られています。

本書では、言語一つひとつをいう場合に、「日本語」「言語」あるいは「言葉」を使用しますが、子どもの第一言語や日本語、また日本語以外の言語と、それらの言語の知識や技能や経験が複合的に結びついているものを、「ことばの力」と表記しています。

5 実践にどのように役立つのか

では、JSLバンドスケールはどのように実践に役立つのでしょうか。

まず、日本語を教えるときに何が大切かを、考えてみましょう。

日本語を学ぶ子どもに日本語を教える上で大切な視点は、子どもの「ことばの生活」「成長・発達」「心」の三つです。以下、その３点を説明します。

(1)「ことばの生活」

教師は子どもの「ことばの生活」を理解することが、まず必要です。ここでいう「ことばの生活」とは、子どもが多様な言語と触れる生活環境やその中で体験したことなど、すべてを含めた生活を意味しています。たとえば、子どもはまだ日本語が話せなくとも、家庭では第一言語（母語）を流暢に使用していたり、来日する前に、その言語で教育を受けたりしている場合があります。また、日本語を学ぶ子どもは日本語以外の言語をすでに習得していたりします。時には、日本語以外にすでに第三言語や第四言語に触れて成長しているかもしれません。

教師は、目の前の子どもが日本語を含む複数言語環境で成長していることを、まず、理解することが大切です。JSLバンドスケールの内容に、第一言語の使用や第一言語での経験についてもたくさん説明されているのは、そのためです。この点は、子どもの実践を考える上で、教師が第一に理解すべきことです。

⑵「成長・発達」

子どもは日々成長していますが、身体的・認知的にどのような発達段階にあるかを考えることも大切です。来日したばかりの中学生に、日本語ができないからといって、小学生と同じ方法で教えることは適切といえません。すでに第一言語で教育を受けた子どもの場合、同じ年齢の子どもと同じ認知発達を経て、同じように考えることができる力を持っています。JSLバンドスケールを使用して日本語の発達段階を踏まえて、実践をデザインするとき、子どもの成長・発達段階を考慮することは、不可欠です。

⑶「心」

次の指導例をご覧ください。二つの違いはどこにあると思いますか。

（S：子ども、T：教師）

指導例１

S：きのう、いく。
T：え？　いく？　きのう、行きました、でしょ。
S：うーん、行きました、ヨコハマ。
T：え？　横浜へ行きました、でしょ。
S：うーん？
T：うーんじゃなくて、はい、と言いなさい。
S：……

指導例２

S：きのう、いく。
T：え？　どこへ行ったの？
S：うーん、行った、ヨコハマ。
T：そう？　横浜へ行ったの。誰と？
S：うーん。お父さんと行った。
T：ああ、お父さんと横浜へ行ったの。
S：うん、お父さんと横浜へ行った。
T：そして？

指導例１の教師は、子どもの誤用を「正しい日本語」に変えようと指導しています。一方、指導例２の教師は、誤用を訂正するというよりも、子どもの言いたいことに耳を傾け、さりげなく語順を訂正しながら、やりとりが続くように発言しています。指導例２の子どもは、自分の言いたいことを聞いてくれる人がいると感じるでしょう。つまり、この指導例の子どもにとって、自分の声が他者に届く体験をしているということです。このような意味の「声が届く体験」は、子どもの学習意欲を高め、子どもが自分はここにいてもいいんだと思うような社会的承認を得て、自尊感情を抱くことにつながります。

子どもの日本語教育の実践で欠かせない視点は、子どもの「心」を受け止め、育てることです。

そのためにも、JSLバンドスケールを使って、子どもの日本語の発達段階を把握し、子どもの現状を理解することが大切なのです。

この3点は、子どもの日本語教育の基本です。

6 「見立て」から実践へ

JSLバンドスケールが基本とするのは、日々の授業実践と子どもの理解です。教師は、日頃より子どもとやりとりすることを重ね、子どもの理解を深めています。その「子ども理解」から見える日本語の発達段階をJSLバンドスケールと照らし合わせながら、確認していくことが大切です。

また、JSLバンドスケールは、複数の教師で使用することを推奨しています。子どもを指導する複数の教師（たとえば、日本語指導の教師と在籍クラスの担任、ボランティアの教師など）が、当該の子どものJSLバンドスケールの「見立ての結果」を持ち寄り、指導場面のやりとりの様子や子どもの書いた作文などを見ながら、子どもの日本語の発達段階を「判定」をすることを薦めます。

なぜなら、一人ひとりの教師が子どもを指導する場面は異なりますし、また学びの場面や形態、学習活動が異なることによっても、子どもの日本語力は違ったように見える場合があるからです。

さらに、それを判定する教師の実践観、「ことばの力」の捉え方、ひいては教育観が異なると、子どもの「ことばの力」の「見立ての結果」は教師一人ひとり異なるかもしれません。たとえば、日本語には漢字が不可欠だと考え、漢字を覚えさせることが子どもの「ことばの力」を伸ばすと信じる教師は、子どもにひたすら漢字練習だけをさせるでしょう。もちろん、漢字の量だけが「ことばの力」ではありませんし、漢字練習だけが日本語教育の実践でないことは明らかです。

したがって、教師によって日本語力の発達段階をレベル3と考える人とレベル4と考える人が出てくることは、至極、自然なことです。どちらが正しく、どちらが間違っていると結論を急ぐよりも、どのような場面ややりとりで、そのように判断したかについて情報交流することによって、子どもの理解が進むと同時に、教師自らの捉え方も深まっていくと考えることが大切です。

以上をまとめると、JSLバンドスケールとは、複数の教師がそれぞれの「見立ての結果」を持ち寄り、教師みんなで子どもの日本語の発達段階を複数視点から「判定」し、子どもの抱える課題を理解し、「取り出し指導」教師、在籍クラス担任、教科担当教師、指導助手等の複数の教員等による協働的実践を目指すためのツールなのです。したがって、JSLバンドスケールは、日本語を教える教師だけに必要なのではなく、すべての教師に必要なツールなのです。

7　なぜJSLバンドスケールなのか

JSLバンドスケールは、これらの子どもの実践のために使用するものです。

JSLバンドスケールは、「あらかじめ一定の条件を設定して行うテスト」ではありません。つまり、子どもの日本語の力を測定（アセスメント）する「測定のためのツール」ではありません。ある「テスト」を効率的に行うために「対話をする」という考えも、JSLバンドスケールにはありません。他の人が作った既成の「テスト」を使っても、教師の持つ「実践観」や「ことばの力の捉え方」や「教育観」を深めることにはつながりません。

JSLバンドスケールが、「初めて日本語に触れる」レベル1から、「日本語を十分に使用できる」レベル7あるいはレベル8まで分けているのは、子どもの日本語の発達段階の全体像を見通した上で、目の前の子どもの発達段階を理解するためです。そのような子どもの現状の把握を踏まえて、実践をどう作るかを考えていくためのツールが、JSLバンドスケールなのです。

つまり、他の人が作った既成の「テスト」は、教育現場の教師の成長や実践力向上にはほとんど役立ちません。JSLバンドスケールを使用し、教師自らが日頃の実践から子どもの「ことばの力」を把握し、そこから実践をどう作るかを考え、さらに他の教師と協働的に実践を行うことによって、教師の「ことばの捉え方」「ことばの力の捉え方」、さらには、実践観、教育観が深まっていくのです。それこそが、JSLバンドスケールの使命（ミッション）なのです。

では、始めてみましょう。

3

JSLバンドスケール

小学校　低学年

③

JSLバンドスケール　小学校　低学年

【聞く】

小学校　低学年　聞く　レベル1	
このレベルの主な特徴	初めて日本語に触れるレベル
子どもの様子・ことばのやりとり	1. 他の人がすることを注意深く観察し、ときどきその行動を真似ることがある。 2. クラス活動には参加するが、発話はない。クラスメイトのやっていることを真似て、活動に参加したりする。 3. 第一言語で経験したことをもとに、やりとりを理解しようとする。 4. 自分の習慣や経験に合ったものや、目でわかるようなことを理解することはある。 5. 自分の第一言語を話す人に説明や翻訳を求める。 6. 第一言語で経験したことをもとに、日本の学校文化（規則や学校で期待されることなど）を理解しようとする。 7. 第一言語に関わる文化的知識や態度、価値観を持っていることがある。 8. 日本語を「聞く」力はなくても、第一言語を使う家庭・地域社会などでは、子どもの年齢に応じた範囲で、第一言語を聞いて理解することができる。ただし、個人差がある。

解説①　「黙っている」

このレベルは、子どもが周りを見て様子を理解しようとしているレベルです。そのため、他の子どもがすることを注意深く観察し、聞くことに集中し、黙っている場合があります。これを、「沈黙期間（Silent period）」といいます。個人差もありますが、数週間から数ヶ月、半年ほど「黙っている」場合があります。しかし、黙っていても、何もわかっていないわけではなく、周りを観察して、さまざまな言葉をため込んでいる段階です。この後、一気に話し出すことがあります。

「沈黙期間」→キーワード解説「沈黙期間」（p.173）

3 の例

日本語はわからなくても、話し手の表情や動作などから「怒られているということ」「注意されているということ」「質問されているということ」がわかる。

4 の例

顔を手で扇ぐ動作から「暑い」を理解したり、身震いする動作から「寒い」を理解したりする。

6 の例

・母国で上履きに履き替える習慣がない場合、下履きのまま教室に入る。

・母国で、掃除の前に椅子を机の上に上げる習慣があった子どもが、日本の学校でも、掃除の前に椅子を机の上に上げようとする。

7 の例

自分と会話する教師に対して敬意を表すために、目を合わせることを避ける、あるいは大人しくする。

指導上のポイント

子どもは日本語が理解できず、緊張している場合があります。カード、遊びや歌など、子どもがリラックスするように工夫しましょう。子どもとの信頼関係（ラポール）を築くことが、このレベルで教師が最初に行うべきことです。楽しくなければ、子どもは学ぼうとしません。

小学校　低学年　聞く　レベル２	
このレベルの主な特徴	よく耳にする日本語表現を理解し始めるレベル
子どもの様子・ ことばのやりとり	1. 挨拶や簡単な指示を理解し、応えることができる。 2. 身振りを使い、態度で対応しようとする。 3. 話しかける人が身振りや繰り返し、言い換えなどを使って簡単な指導や指示をすると、動作を使って応える。 4. 質問をすると、理解するのに時間がかかる。 5. 在籍クラスでは、クラスメイトの話し合いやクラス活動での日本語は、ほとんど理解できない。 6. そのため、子どもは、疲れやすく、集中力が続かないことがある。 7. 第一言語で経験したことをもとに、日本の学校文化（規則や学校で期待されることなど）を理解しようとする。 8. 第一言語に関わる文化的知識や態度、価値観を持っていることがある。 9. 日本語を「聞く」力はなくても、第一言語を使う家庭・地域社会などでは、子どもの年齢に応じた範囲で、第一言語を聞いて理解することができる。ただし、個人差がある。

解説②　「わかる」とは

このレベルは、子どもが日本語を学び始めるレベルです。日本語を知らなくても、挨拶や指示がわかることがあります。それは、第一言語で経験してきたことがあるからです。子どもは今までの経験をもとに、周りのことを理解していく力があるのです。人と人のコミュニケーションの基本を、子どもは日本語を通じて学んでいます。それが、「わかる」ということです。

2 の例

・「いいえ」「ちがう」の代わりに、手を横に振る。
・「これ」「あれ」の代わりに、指差しをする。

3

子どもに話しかけるときは、簡単で短い日本語に言い換えると理解されやすい。

5

子どもは、周りの様子や状況を観察しながら、日本語を理解しようとしている。
たとえば、
・教師とクラスメイトとのやりとりを見て、発言するときは挙手する。
・また教師がまっすぐ並びなさいと言うと、列を乱さずに並ぶ。
・ただし、これは、日本語を理解しているというよりは、目の前にあるものを見て、状況を理解しているといえる。

6

人の話を聞いたり、状況から意味を理解したりするには努力と集中力が必要である。
・聞いたことがない音とその音の意味することを結びつけながら内容を理解する作業は、子どもに負担をかけることになる。
・そのため、子どもは疲れやすく、集中力が続かない。

指導上のポイント

動作を使った活動や、作業をともなう活動をしながら、同じ言葉を繰り返し使い、明るく指導をすることが大切です。子どもは、場面と動作から意味が見える文脈の中で、言葉を学び始めます。

小学校　低学年　聞く　レベル３	
このレベルの主な特徴	「身近な話題」について、簡単な日本語でやりとりができるようになるレベル
子どもの様子・ことばのやりとり	1. 「身近な話題」について、教師が絵や身振りなどを使って説明すると、大切な語句は聞き取ることができる。 2. 簡単な教室指示に従うことができる。 3. しかし、在籍クラスでのやりとりについていくのは難しい。 4. 聞き取れる語彙は限定的で、身近なことに限られている。 5. 新しい語句を理解するには、時間がかかる。 6. 教師が繰り返したり、簡単な短い日本語に言い換えたり、十分に時間が与えられれば、理解できる。 7. 第一言語で経験したことをもとに、日本の学校文化（規則や学校で期待されることなど）を理解しようとする。 8. 第一言語に関わる文化的知識や態度、価値観を持っていることがある。 9. 日本語を「聞く」力はまだ十分ではないが、第一言語を使う家庭・地域社会などでは、子どもの年齢に応じた範囲で、第一言語を聞いて理解することができる。ただし、個人差がある。

解説③　「身近な話題」とは

このレベルは、子どもが日本語で学習し始めるレベルです。このレベルでは、子どもが自分の名前や好きなもの、嫌いなもの、得意なもの、自分の家族やペットなどの「身近な話題」で、日本語を聞いて理解できるレベルです。また、その話題で簡単に話せる段階です。

→小学校低学年「話す」レベル３を参照

自分に関係する話題では、具体的で、目の前にあるものを使いながら話す場合が多いため、子どもは理解しやすいのですが、「目の前にないもの」を日本語で説明すると、理解しにくくなります。

→小学校低学年「聞く」レベル４を参照

2 の例

教師　：「宿題、やってきた？」
子ども：「うん」
教師　：「じゃ、宿題を出してください」
子ども：「はい」（と言って、反応することができる）

5 の例

「お手伝い」という新しい語を教える際、絵を描いたり、簡単な日本語で説明したり、第一言語で説明をしたりするので、時間がかかる。

6

教師との一対一の場面では問いかけに答えることができるが、他の子どもたちが話している場面や、騒がしく集中できない場面では、教師が同じことを問いかけても理解できない場合がある。

指導上のポイント

身近な話題で、視覚的な補助を使い、わかりやすい日本語でたくさんやりとりをすることが、このレベルでは必要になります。歌や絵本の読み聞かせ、映像資料などを使って、日本語を聞く機会を多くすることも大切です。ただし、黙って聞けば、「聞く」力がつくとは限りません。大切なのは人と人のやりとりです。

小学校　低学年　　聞く　　レベル４	
このレベルの主な特徴	「身近な話題」から、「目の前にないもの」も理解しようとするレベル
子どもの様子・ことばのやりとり	1. 教室で毎日繰り返される日常的な場面や遊びなどで使われる日本語は聞いて理解できるが、ときどき支援が必要になる。 2. わかりやすい日本語で、明確に筋道立てて手順ややり方が説明されれば「目の前にないもの」も理解しようとする。 3. 語彙も増えてきているが、まだ限られており、聞いて内容を十分に理解することはできない。 4. 助詞や文末表現、また複文などが理解しにくいため、会話や説明が長くなると、多くの部分で聞き落としがある。 5. 在籍クラスで教師の質問を聞いて理解したり、クラスメイトの発言を聞いて理解したりするには、時間がかかる。 6. 馴染みのない話題を聞くときは、集中力が続かない。 7. 第一言語で経験したことをもとに、学校文化や学習内容を理解しようとする。 8. 第一言語に関わる文化的知識や態度、価値観を持っていることがある。 9. 第一言語による「聞く」力がある場合がある。第一言語を使う家庭・地域社会などでは、子どもの年齢に応じた範囲で、第一言語を聞いて理解することができる。ただし、個人差がある。

解説④　「目の前にないもの」とは

このレベルは、子どもが習った日本語を試そうとするレベルです。レベル４の子どもは、徐々に語彙が増え、理解できる範囲が広がるので、自分に関することでも、目の前にないことを話したり、聞いたりすることができるようになります。たとえば、絵や写真を見て、以前に体験したことを話したり、そこから連想したことを話したりすることができます。

→小学校低学年「話す」レベル４を参照

4の例

文の意味の違いを表す助詞（〜も、しか、より、など）や、話者の意図や判断を表す文末表現（かもしれない、しなくては、だって、など)、二つの文をつなげ内容を説明する接続詞（ので、から、あとで、など）について、正確な知識が定着していないため、聞きもらす。

5

・一対一では聞き取れることでも、他の子どもが話しているときや、雑音が多いところでは、聞き取れないことがある。

・また、子どもによっては、さまざまな音の流れから必要な音を聞き分けることが苦手な子どももいる。

指導上のポイント

このレベルの子どもは、教師の質問に、頷いたり、微笑んだり、真似をしたりするので、教師は子どもが日本語を十分に理解していると誤解してしまうことがあります。

そのような誤解に気づいたら、子どもの日本語の弱い部分を知る良い機会と考えて、それを指導に役立てましょう。子どもによって、聞き取って理解できる部分が異なることがあることにも、留意しましょう。

小学校　低学年　　聞く　　レベル５	
このレベルの主な特徴	さまざまな生活場面で日本語を理解するようになるが、学習場面では、理解する力はまだ限られているレベル
子どもの様子・ことばのやりとり	1. 日常的な生活場面では、年齢に応じた日本語が理解できる。特によく知っている話題の場合は、特別な補足や説明の繰り返しなどをほとんど必要としない。 2. 学習場面でも、よく知っている話題で、言語面への支援があれば、学習内容を理解できる。 3. しかし、学習場面で、言語面の支援がないまま普通の速さで、教師が複雑な言い回しや表現、概念を使って説明したり、話題を発展させたりすると、理解するのは難しい面もある。 4. 語彙や文法知識が足りないときは、細部を聞き逃したり、話の筋道を見失うことがある。 5. 教師とクラスメイト、あるいはクラスメイト同士のやりとりの話題に馴染みがなかったり、新しい語彙が多かったりすると、集中力が途切れることがある。 6. 第一言語で経験したことをもとに、学校文化や学習内容を理解しようとする。 7. 第一言語に関わる文化的知識や態度、価値観を持っていることがある。 8. 第一言語による「聞く」力がある場合がある。第一言語を使う家庭・地域社会などでは、子どもの年齢に応じた範囲で、第一言語を聞いて理解することができる。ただし、個人差がある。

解説⑤　なぜ学習場面では理解が難しいのか

小学校低学年の子どもは、どの子どもでも、認知的な面において、まだ発達途上です。子どもは、学習場面で今まで知らない表現に出会うと、自分の経験と重ねてその意味と内容を理解しようとします。しかし、日本語を学習する子どもは、語彙力が不足しているため、既習の日本語と新しい日本語を結びつけ、同時に、学習内容を理解しなければなりません。子どもにとって、その作業はとても負担がかかります。そのため、なかなか成績が向上しないときがあります。このことは、小学校中高学年やそれ以上の子どもの場合も、同様です。

2、3 の例：「言語面への支援」

・ゆっくり話す

・簡単な日本語で言い換える

・視覚的な補助を使う

・説明をゆっくり繰り返す

・考える時間を与える、など。

4 の例

・日本語の語彙の意味について以前から誤解があるとき

・第一言語の概念と日本語の概念にずれがあるとき

・複雑な内容を説明する接続詞や微妙な違いを表す表現（たら・すれば・らしい・ようだ、など）に対する知識が不足しているとき、など。

6 の例

・日本の昔話の読み聞かせなど、文化的知識が必要となるような内容を理解することは難しい。

指導上のポイント

このレベルの子どもは、日本語による基本的なコミュニケーションができます。4技能（聞く、話す、読む、書く）全体を使ってたくさんのやりとりをする学習活動を豊かに進めましょう。そのことにより、子どもは多様な語彙や表現を習得できるでしょう。

小学校　低学年　聞く　レベル6	
このレベルの主な特徴	ほとんどの生活場面で日本語を十分に理解するようになるが、学習場面では聞き取れない部分がまだあるレベル
子どもの様子・ことばのやりとり	1. 年齢と学年に応じた生活場面や学習場面で、言語面への支援がなくても、ほとんどの内容が理解できる。 2. 新しい話題も理解し、また教師が普通の速さで話題を発展させてもほぼ理解できる。 3. クラス全体の話し合いやグループ活動などでも、友だちや教師が話している内容をほぼ理解できる。 4. ただし、語彙や表現、文法知識がすべて定着しているわけではなく、会話の展開が速いときは、話についていけないときがある。 5. 社会文化的な経験や知識が足りず、聞きもらすことがある。 6. 第一言語で経験したことをもとに、学校文化や学習内容を理解することがある。 7. 第一言語に関わる文化的知識や態度、価値観を持っていることがある。 8. 第一言語による「聞く」力がある場合がある。第一言語を使う家庭・地域社会などでは、子どもの年齢に応じた範囲で、第一言語を聞いて理解することができる。ただし、個人差がある。

解説⑥　「聞く」力とは何か

テープの音を聞き分けるのも「聞く」力といえますが、実際のコミュニケーションの場面では、音だけではなく、話題に関する情報や知識、話の流れ、話す人の表情や、話し手と聞き手との関係など、多様な要素が「聞く」力に影響します。したがって、「聞く」力とは、総合的なコミュニケーション能力なのです。

4

レベル５の例にある文法的な知識や表現について、かなり聞いて理解できるようになるが、部分的に理解できないところがまだある。

5の例

第一言語にはない意味の日本語の語彙や、今までに経験したことのない場面の日本語の語彙や表現を聞きもらすことがある。

例：伝統的な料理や遊びに関する語句、生活習慣などの語句。

指導上のポイント

　コミュニケーションのポイントは、話す人と聞く人の関係づくりです。関係性があるところでは、「伝えたい」「聞きたい」という気持ちが生まれ、その結果、「話す」力も「聞く」力も伸長します。教師に必要なのは、「伝えたい」「聞きたい」という気持ちが生まれる環境と、子どもにとって意味のある文脈を作ることです。それが、子どものことばの教育です。

小学校　低学年　　聞く　　レベル７	
このレベルの主な特徴	日本語を十分に理解できるレベル
子どもの様子・ことばのやりとり	1. 年齢と学年に応じた生活場面や学習場面で、聞いて、十分に理解できる。 2. ただし、社会文化的な経験や知識が足りず、聞きもらすことがある。 3. 第一言語で経験したことをもとに、学校文化や学習内容を理解することがある。 4. 第一言語に関わる文化的知識や態度、価値観を持っていることがある。 5. 第一言語による「聞く」力がある場合がある。第一言語を使う家庭・地域社会などでは、子どもの年齢に応じた範囲で、第一言語を聞いて理解することができる。ただし、個人差がある。

解説⑦　「年齢と学年に応じた」とは①

子どもの発達段階に応じた「ことばのやりとり」があります。その段階でできることも、できないこともあります。特に、小学校１年生と２年生の間には、発達段階として大きな差があります。たとえば、小学校１年生の１学期と、２年生の３学期では、文字の定着の程度や学習内容においても、大きな違いがあります。加えて、個人差もあります。子どもの発達段階と個性に十分に留意したいものです。

2の例

日本の童謡や昔話などに出てくる日本の伝統的な生活習慣などの語彙が不足しており、聞き逃すことがある。

例：伝統的な日本の衣・食・住に関する語句、伝統行事に関する語句など。

指導上のポイント

家庭で主に第一言語が使用されている場合、第一言語を話す大人や友だち、また第一言語を話す環境から刺激を受け、ことばの力（第一言語、日本語ともに）の発達が促されます。したがって、日本語の力が低いと思われる子どもであっても、第一言語の使用を禁止する必要はありません。むしろ、第一言語を使用することで、豊かな教育実践ができる場合もあります。ただし、子どもによっては、クラスメイトの前で、第一言語を使用したくないと思う子どももいます。子どもの心に寄り添いながら実践を行うことが大切です。

❸

JSLバンドスケール　小学校　低学年

【話す】

小学校　低学年　　話す　　レベル１	
このレベルの主な特徴	初めて日本語を話すレベル
子どもの様子・ことばのやりとり	1. 言いたいことが言えず、身振りで伝えようとする。 2. ものの名前や単語を一つ、言える（一語文）。 3. 一語文、二語文で意味を伝えようとする。 4. 教師や他の子どもが言った単語や語句をそのまま繰り返す。 5. 日本語の代わりに、第一言語で話したり、答えたりする。 6. 学習活動の中で、身振りで応えたり、他の人の行動を真似たりすることがある。 7. 周りを注意深く観察するが、話さない場合もある。 8. 第一言語で獲得した会話のスキルをもとに、コミュニケーションをとろうとする。 9. 第一言語に関わる文化的知識や態度、価値観を持っていることがある。 10. 日本語を「話す」力はなくても、第一言語で「話す」力がある場合がある。第一言語を使う家庭・地域社会などでは、子どもの年齢に応じた範囲で、第一言語を話すことができる。ただし、個人差がある。

解説①　「第一言語の力」

家庭や同じ第一言語を話す友だちの間では、第一言語を、自信を持って話す子どもがいます。そのことは、日本語を学ぶことにも有効に働きます。第一言語で話す経験や第一言語から得た知識が「話す」力の基礎を作ると考えられます。

ただし、日本生まれで、複数の言語の間で成長する子どもの場合、その第一言語の力が弱いことがあります。個人差がある点にも留意することが大切です。

3 の例

「その本、見せて」「この本、読んでもいい？」などの意味で、ただ「ほん」と言う。

5

第一言語で答えるのは、第一言語によるコミュニケーション能力があるということを意味する。必ずしも不適応を起こしているわけではない。

7

これを「沈黙期間」という。　→小学校低学年「聞く」レベル 1 を参照

8

第一言語を使うときに獲得した、状況に応じた表情や態度で、人に接しようとする。

指導上のポイント

このレベルの子どもたちに、無理に話させようとする必要はありません。具体物や動作を示しながら、短い言葉をシャワーのようにかけてあげることが、このレベルでは大切です。子どもにとって、楽しく興味のある活動を提供することが大切です。

小学校　低学年　話す　レベル２	
このレベルの主な特徴	よく耳にする日本語表現を使い始めるレベル
子どもの様子・ことばのやりとり	1. 身近な場面で使う挨拶などの日本語を覚え、使い始める。 2. 身振りや具体物に頼ってコミュニケーションを行い、それをわかってくれる人と行動をともにする。 3. 質問を繰り返したり、他の子どもの発言を真似たりする。 4. 物語や詩、歌にある短い語句を繰り返すような活動に参加することができる。 5. 意味を伝えるために、日本語のイントネーションなどを使い始める。 6. 自分勝手に語句を組み合わせたりする。 7. 第一言語で獲得した会話のスキルをもとに、コミュニケーションをとろうとする。 8. 第一言語に関わる文化的知識や態度、価値観を持っていることがある。 9. 日本語を「話す」力はなくても、第一言語で「話す」力がある場合がある。第一言語を使う家庭・地域社会などでは、子どもの年齢に応じた範囲で、第一言語を話すことができる。ただし、個人差がある。

解説②「わかってくれる人と、行動をともにする」とは

子どもは自分の言うことを聞いてくれる人と一緒にいたいと思い、よく行動をともにします。それは、たとえ日本語がうまく言えなくても、心が通じ合っていると実感するからです。この実感が、「ことばの力」を育みます。相手に伝えたいと思う気持ちと、相手の言いたいことを受け止めようとする姿勢を育てることが重要です。

1 の例

「おはよう」「はい」「だめ」など。

2

クラスメイトと一緒に遊びたくても、うまく言えなくて、「一緒に遊ぼう」と言うつもりで、その子の肩を叩いたりする。そのため、クラスメイトに「乱暴」な印象を与えることがある。

5 の例

・疑問を表すために、「これ、ほん（↗）」と言う。

・「ほん（↗）、これ、」と語順が不正確なこともある。

6 の例

・「いいえ」「ちがう」の意味で、「じゃない、じゃない」と言う。

・「きれいでない」「きれいじゃない」の意味で、「きれくない」と言う。

指導上のポイント

上記６の例の「じゃない、じゃない」は、「……じゃない」と誰かが言うのを聞いて、その部分が否定的な意味と理解し、それを切り取って記憶しておいて、「いいえ」「ちがう」と言いたい場面で、それを記憶から引き出して使っているのです。それはしっかりした「ことばの力」と見ることもできます。このように、子どもの誤用は言語習得の過程と見ることが大切です。

誤用→キーワード解説「誤用」(p.174)

小学校 低学年 聞く
小学校 低学年 話す レベル2
小学校 低学年 読む
小学校 低学年 書く
小学校 中高学年 聞く
小学校 中高学年 話す
小学校 中高学年 読む
小学校 中高学年 書く

小学校　低学年　　話す　　レベル３	
このレベルの主な特徴	「身近な話題」について、簡単な日本語でやりとりができるようになるレベル
子どもの様子・ことばのやりとり	1. 挨拶や簡単な教室内の指示を理解し行動することができる。 2. 絵や具体物をたよりに、身近なことや好きなことについて、やりとりすることができる。 3. 教師の質問に短く答えることができる。 4. 日常会話において、二語文、三語文から、徐々に自分の日本語で話し出す。 5. しかし、在籍クラスの授業では、教師とクラスメイトの会話に参加することは難しい。 6. 限られた日本語力しかないので、言いたいことを日本語でどのように言うか考えるために時間がかかる。そのため、簡単なことを言う場合も、考えながら、あるいはつかえながら話す。 7. 第一言語で獲得した会話のスキルをもとに、コミュニケーションをとろうとする。 8. 第一言語に関わる文化的知識や態度、価値観を持っていることがある。 9. 日本語を「話す」力はなくても、第一言語で「話す」力がある場合がある。第一言語を使う家庭・地域社会などでは、子どもの年齢に応じた範囲で、第一言語を話すことができる。ただし、個人差がある。

解説③　日本語の力がつくと、態度が変わる

このレベルでは、子どもが日本語で学習をし始めるレベルです。子どもは、語彙が少しずつ定着し、自分の好きなことや嫌いなこと、家族のことや好きなペットなどについて、短く言えるようになります。性格にもよりますが、子どもによっては、自分なりの日本語を使って、積極的に話そうとする様子が見られたり、友だちと積極的に一緒に遊んだりするようになります。日本語の力がつくと、行動の範囲も、様子も変化します。

「身近な話題」→小学校低学年「聞く」レベル３を参照

2、3の例：動詞の活用や助詞がまだうまく使えない。

教師　：「きのう、何をしましたか？」
子ども：「こおりおに、する」
教師　：「へぇ、氷鬼したんだ。誰と？」
子ども：「……○○ちゃん」

6の例

教師　：「宿題、しましたか？」
子ども：「宿題、した。けど、家に忘れた」
教師　：「どうして、忘れたの？」
子ども：「えーと、夜、やったけど、えーと、……、朝、学校、くるとき、えーと……」

指導上のポイント

遊んでいるときに、日本語がたくさん出ます。それは、目の前に具体物があり、日本語の意味が理解されやすい文脈が見えるからです。「見える文脈」を利用して、日本語の意味と使い方を体得できるように指導することが大切です。誤用を訂正するより、子どもの表現したい内容と心を受け止めることが大切です。

小学校　低学年　　話す　　レベル４	
このレベルの主な特徴	「身近な話題」から、「目の前にないもの」についても日本語で話そうとするレベル
子どもの様子・ことばのやりとり	1. すでに学習した内容について、簡単な質問に答えることができる。 2. よく聞いてくれる相手がいれば、自分の生い立ちや最近の出来事などについて、話すことができる。その話を、支援があれば、短くではあるがみんなの前で発表することができる。 3. ただし、使える接続詞はわずかで（けど、だって、でも、など）、在籍クラスの授業で教師の質問に的確に答えるにはまだ困難がある。 4. クラスメイトが使うような表現（〜でね・うーんとね・〜じゃん・でもさー、など）を使いながら話を続けることができるが、長い談話は途切れがちで、より正確に言おうとすると、ブツブツと途切れる。 5. 知っている日本語を駆使して日本語を使用しようとするので、正確さに欠ける（たとえば時制の使い方）が、理解できないほどではない。 6. 助詞はまだ習得途中で、助詞が抜けたり、助詞を適切に使えなかったりすることもある。 7. 第一言語で獲得した会話のスキルをもとに、コミュニケーションをとろうとする。 8. 第一言語に関わる文化的知識や態度、価値観を持っていることがある。 9. 第一言語による「話す」力がある場合がある。第一言語を使う家庭・地域社会などでは、子どもの年齢に応じた範囲で、第一言語を話すことができる。ただし、個人差がある。

解説④　「もう指導は必要ない」と思うとき

このレベル４は、子どもが習った日本語を試そうとするレベルです。生い立ちや空想、絵本を読んで考えたこと、以前に体験したことなど、「目の前にないもの」も話そうとするようになります。ただし、その発言は、文としての結束性は不十分で、正確さに欠けます。レベル１の子どもの様子から比べると、教師と子どもの間では意思の疎通ができるようになるため、「もう指導は必要ない」と判断することもありますが、依然、継続的な支援が必要な段階です。

「目の前にないもの」→小学校低学年「聞く」レベル４を参照

1の例：動物の特徴について学習した後の会話。

教師　：「この動物の名前、覚えている人？」
子ども：「えーと、しま……しまうま」
教師　：「どうして、わかったの？」
子ども：「いろで。しろとくろ」

2、4の例

教師　：「○○ちゃんの生まれたところって、どんなところ？」
子ども：「私が生まれたのは、大きな町で、いっぱい人がいて、けっこう暑かった」
教師　：「すごく暑いの？」
子ども：「うーんとね、どれくらい、暑いかっていうと、えーっと、かなり暑いです」
教師　：「何度ぐらいになりますか。たとえば、夏……」
子ども：「うーんとね。たぶん、30 度くらい？　でもさ、日本と同じくらいかなあ」

指導上のポイント

このレベルの子どもは、日本語でやりとりし、他の人と交流できることを実感し始めます。積極性も出てきて、間違いを恐れず話し出します。そのときは、その勇気を褒めてあげ、間違えても訂正せずに聞いてあげることも支援の一つです。教師は、さりげなく正しい日本語で答えるなど、暗示的な訂正の仕方も工夫しましょう。

小学校　低学年　　話す　　レベル５	
このレベルの主な特徴	さまざまな生活場面で日本語を使用する力が定着してきているが、学習場面では表現する力はまだ限られているレベル
子どもの様子・ことばのやりとり	1. 身近な話題であれば日常的に行われている主な教室活動に参加することができる。 2. 口ごもりや言い間違いなどがなく、イントネーションやアクセントに正確さが増し、流暢に話す。 3. 接続詞を的確に使うことができる。 4. ただし、在籍クラスで、教師が通常の速さで話し、馴染みのない話題が展開される場合には、会話に参加できないことがある。 5. 学習場面において、複雑な内容や概念を日本語で表現することが困難な場合がある。 6. 語彙は増えているが言語表現は限られており、深い内容は表現できない場合がある。 7. 第一言語で獲得した会話のスキルをもとに、コミュニケーションをとろうとする。 8. 第一言語に関わる文化的知識や態度、価値観を持っていることがある。 9. 第一言語による「話す」力がある場合がある。第一言語を使う家庭・地域社会などでは、子どもの年齢に応じた範囲で、第一言語を話すことができる。ただし、個人差がある。

解説⑤　「深い内容」とは何か

このレベルの子どもは、日常生活のあらゆる場面でよく話すので、他のクラスメイトと同じように見えます。そのため、教師はその子に対して日本語指導の支援が必要でないと考えがちです。しかし、注意深く発言を聞くと、話の展開や文の結束性に欠如があり、複雑な考えや事柄を十分に話せない場合があります。子どもは、語彙や表現がある程度身についてくると、その範囲内でやりとりし、やり過ごしてしまいます。そのため、小学校低学年の子どもの認知発達のレベルで期待される内容（未来や仮定の内容など）を的確に表現できず、話している内容に「深さ」が感じられない場合があります。その点が、このレベルの子どもの新たな課題になります。

「なぜ学習場面では理解が難しいのか」→小学校低学年「聞く」レベル５を参照

1、2の例

・教室での話し合いなどで、自分の考えを述べる。
・学習成果の発表などにおいて、自分の意見や考えをクラスに向けて発表することができる。
・ただし、考えながら話している場合、話すスピードがゆっくりになることもある。

6の例

・「〜するとき」「〜してから」「〜するまで」「〜するまでには」などの時間の前後関係を表す表現が十分に使えないため、意図が正確に伝わらない。

指導上のポイント

小学校低学年の学習活動では、話す課題や書く課題が限られています。そのため、一人ひとりの子どもの「話す」力や「書く」力を把握しにくい面があります。子どもの書いた作文などをもとに、子どもの説明を丁寧に聞くような機会を設けることも有効でしょう。「話す」力は、発達している部分とそうでない部分があり、まだらに発達します。

小学校　低学年　話す　レベル６	
このレベルの主な特徴	生活場面で日本語を十分に使えるようになるが、学習場面では表現できない部分がまだあるレベル
子どもの様子・ことばのやりとり	1. 年齢と学年に応じた生活場面や学習場面に、積極的に参加することができる。 2. 教師やクラスメイトの助けをほとんど借りずに自分自身の考えや意見を述べることができる。 3. 学習内容が知らないことであっても、内容や語彙がきちんと教えられればより複雑な考えが理解でき、かつ表現できる。また他の人にそれを説明することもできる。 4. 複雑な表現や微妙な表現を運用する力が育ちつつある。 5. ただし意図を正確に表現することは依然として困難な場合がある。 6. 何かを伝えるときに必要な語彙がわからない場合でも、すでに学習した語彙を使って何とか伝えることができる。 7. 第一言語で獲得した会話のスキルをもとに、コミュニケーションをとろうとする。 8. 第一言語に関わる文化的知識や態度、価値観を持っていることがある。 9. 第一言語による「話す」力がある場合がある。第一言語を使う家庭・地域社会などでは、子どもの年齢に応じた範囲で、第一言語を話すことができる。ただし、個人差がある。

解説⑥　「話す」力とは何か

「話す」力は、単に「ひとりでしゃべる力」ではありません。実際のコミュニケーションの場面では、話し手と聞き手との関係や話す場を理解し、話題に関する情報や知識、話の流れなど、多様な条件を理解する力が「話す」力に影響します。「話す」力も、総合的なコミュニケーション能力なのです。

→小学校低学年「聞く」レベル６を参照

4、5 の例

「〜かもしれない」「〜しかない」「〜もある」「まだ」「もう」「〜たら」「〜すれば」「〜らしい」「〜ようだ」などを使えるようになるが、常に正確に使えるわけではない。

7 の例

「母語教室」などで習った計算の方法を、日本での算数の勉強に活かそうとする、など。
（ただし、このレベル以外でも同様のことが見られることがある）

指導上のポイント

コミュニケーションのポイントは、話す人と聞く人の関係づくりです。関係性があるところでは、「伝えたい」「聞きたい」という気持ちが生まれ、その結果、「話す」力も「聞く」力も伸長します。「話す」力は人と人の関係性に依存します。在籍クラスでも、一人ひとりの子どもを認め合う風土がなければ、子どもたちの「話す」力は伸長しません。

小学校　低学年　　話す　　レベル７	
このレベルの主な特徴	日本語を十分に使用することができるレベル
子どもの様子・ことばのやりとり	1. 年齢と学年に応じた生活場面や学習場面で、流暢かつ正確に、口頭でコミュニケーションができる。 2. 社会文化的な経験や知識が足りずに理解できないときは、質問することができる。 3. 日本語で正確な言い方を知らない場合には、別の言い方で手際よく説明することができる。 4. 第一言語で獲得した会話のスキルをもとに、コミュニケーションをとろうとする。 5. 第一言語に関わる文化的知識や態度、価値観を持っていることがある。 6. 第一言語による「話す」力がある場合がある。第一言語を使う家庭・地域社会などでは、子どもの年齢に応じた範囲で、第一言語を話すことができる。ただし、個人差がある。

解説⑦　「日本生まれの、日本語を学ぶ子どもたち」

日本生まれで、生まれたときから複数言語環境で成長しながら、小学校入学前に保育園や幼稚園で過ごしている子どもたちが増えています。そのような子どもは一見、日本語だけで成長した子どもと変わらないように日本語を聞いたり話したりする力があるように見える場合がありますが、「読む」力、「書く」力が弱い子どももいます。「聞く」「話す」がレベル６あるいは７でも、「読む」「書く」がレベル２あるいは３ということもあります。一人の子どもの中でも、４技能のレベルが異なることがあることに留意しましょう。

2

日本の童謡や昔話などに出てくる日本の伝統的な生活習慣や文化的事項についてよく知らないため、うまく使えない語彙もある。

例：伝統的な日本の衣・食・住に関する言葉、伝統的な行事に関する言葉など。

指導上のポイント

日本語を学ぶ子どもたちは、他のクラスメイトと同じ体験や文化的理解をしているとは限りません。そのため日本語自体に問題がないように見えても、意思を十分に理解し合うことができないときもあります。その意味で、小学校低学年では、体験に基づく学習（体験学習）がより重要になります。体験を通じて、日本語の意味と表現を豊かに深めていく実践が必要です。

③

JSLバンドスケール　小学校　低学年

【読む】

小学校　低学年　読む　レベル 1	
このレベルの主な特徴	初めて日本語に触れるレベル
子どもの様子・ことばのやりとり	1. よく目に入る文字、単語や絵をいくつか見分けたり、その意味を理解したりできる。 2. 自分の名前を見分けることができる。 3. まだ日本語の文字は読めないが、読んでいるような様子を見せる。 4. ある程度話し言葉がわかるようになるまでは、ごく一部の語彙やフレーズしか読めない。 5. テクストが理解できないため、読むことに集中できる時間は短い。 6. 第一言語で経験したことをもとに、日本語の文字や記号文化を理解しようとする。 7. 第一言語に関わる文化的知識や態度、価値観を持っていることがある。 8. 日本語を「読む」力はなくても、第一言語による「読む」力がある場合がある。第一言語を使う家庭・地域社会などでは、子どもの年齢に応じた範囲で、第一言語を読んで理解することができる。ただし、個人差がある。

解説①　「読む」とは何か

「読む」とは、書かれた記号の連なりが示す意味を、見たり聞いたり、ときには触ったりすることで考えることです。その力は「ことばの力」の基礎となる力です。特に日本語に初めて触れる子どもは、第一言語で経験したことをもとに、文字、絵、身振り、表情などの視覚的・状況的情報に頼りながら、意味を理解しようとしています。文字が読めないからといって、何もしていないわけでも、わからないわけでもないのです。

1 の例

・校内の場所の表示　1-2、トイレ　など。

・学校、横断歩道、トイレなどの標識。

3 の例

・本を選ぶ

・座って本を見る

・ページをめくる

・絵本や写真を熱心に観察する、など。

5

テクスト→キーワード解説「テクスト」(p.173)

指導上のポイント

子どもは日本語が理解できず、緊張している場合があります。カード、遊びや歌など、子どもがリラックスするように工夫しましょう。子どもとの信頼関係（ラポール）を築くことが、このレベルでは大切です。

鉛筆を持ったことのない子どももいます。このレベルでは、まず、「聞く」「話す」活動を中心にし、その中に絵や文字を「見る」要素を入れていきましょう。

小学校　低学年　　読む　　レベル２	
このレベルの主な特徴	日本語の文字や短い語を理解し始めるレベル
子どもの様子・ことばのやりとり	1. 日常生活で目に入りやすい文字や記号、文字のまとまりを識別できる。 2. ひらがなやカタカナはほぼ読むことができる。ただし、形や音の似ているものを混同することがある。 3. テクストの意味をつかむために、挿絵、文字の形、語句の一部などをヒントに読もうとする。 4. 教師と一緒に読んだり、教師の後について読んだりするとき、そのテクストに繰り返し出てくる語句を声に出して読み、活動に参加しようとする。 5. テクストの中の絵や文字から、名詞や動詞の意味を部分的につかむこともあるが、助詞、接続表現、時制などに関する語は理解できない。 6. 第一言語で経験したことをもとに、日本語の文字や記号文化を理解しようとする。 7. 第一言語に関わる文化的知識や態度、価値観を持っていることがある。 8. 日本語を「読む」力はなくても、第一言語による「読む」力がある場合がある。第一言語を使う家庭・地域社会などでは、子どもの年齢に応じた範囲で、第一言語を読んで理解することができる。ただし、個人差がある。

解説②　多様な背景を持つ子どもたち

生まれた場所やそれまでの言語環境によって、子どもの「読む体験」や「読む」力は異なります。たとえば、家庭内で第一言語による読み書き経験のある子ども、家庭内で第一言語での読み書き経験があり、かつ日本語にいくらか触れたことのある子ども、家庭内で第一言語と日本語に触れた経験があるが、日本語の方が優勢な子ども、あるいは、学期途中で編入してくる子どもで、第一言語による学校教育を受けた経験のある子ども、さらに、異なる国や地域を移動し続け教育を継続的に受けられなかった子ども、難民キャンプを転々としたため公的な教育を受けられなかった子どもまで、多様です。小学校低学年の子どもはまだ言語形成期にあるため、子どもの背景の情報は、子どもを理解する上で重要です。

1 の例

「じかんわり」「日づけ」「よう日」「日ちょく」「かかり」、親しいクラスメイトの名前、など。

2

ひらがな、カタカナの習得には時間がかかる。レベル２以上の子どもでも誤用はあるので、これだけをレベル判定の目安にするのではなく、「読む」力全体を把握することが大切である。

4

このレベルの子どもは、目の前にあるものを見て、状況を理解している段階で、必ずしも「読んでいる」わけではないかもしれない。しかし、教師とともに、テクストを一緒に「読むこと」はその後のコミュニケーション力の基礎となる。

指導上のポイント

子どもの第一言語の経験によっては、縦書きの文に馴染めない場合や、横書きでも右から左へ読む習慣を持つ子どももいます。分かち書きの文で、日本語の基本的なルールに慣れさせることがまず大切です。

小学校　低学年　　読む　　レベル３	
このレベルの主な特徴	短い日本語のテクストを理解し始めるレベル
子どもの様子・ ことばのやりとり	1. 身近な内容について書かれた短いテクストを、視覚的な助けや場面から推測しながら読むことができる。 2. 自分で書いたテクストを友だちや先生に向けて読んで聞かせることができる。ただし、その場合、テクストをすべて読み上げるというより、自分で覚えていることをそのまま言ったり、部分的に言葉を読んだりしている。 3. 日本語を読んでいてわからないことが出てくると、「これは何？」などと日本語で語句の意味を尋ねたり、説明を求めることができる。 4. 教師が簡単な言葉の繰り返しが多い絵本を読むと、文字を目で追うことができ、知っている部分では教師と一緒に音読する。 5. 絵本を読んだ後、その絵や写真をストーリーの展開通りに並べ替えることができる。 6. わからない語彙や漢字があると、読むことをやめて教師が読んでくれるのを待つことがある。 7. 第一言語での補助があれば、物語の筋を予測し、第一言語で内容を再話できる場合もある。 8. 第一言語に関わる文化的知識や態度、価値観を持っていることがある。 9. 日本語を「読む」力はなくても、第一言語による「読む」力がある場合がある。第一言語を使う家庭・地域社会などでは、子どもの年齢に応じた範囲で、第一言語を読んで理解することができる。ただし、個人差がある。

解説③　「短い日本語のテクスト」とは

このレベルは、子どもが日本語の文を読み始めるレベルです。またこのレベルの子どもの多くは、自分の名前や好きなもの、嫌いなもの、得意なもの、自分の家族やペットなどの話題で、聞いて理解し、その話題で簡単な表現を言える段階です。

→小学校低学年「聞く」「話す」レベル３を参照

したがって、このレベルでは、子どもの生活に関係するストーリーで、絵や写真など視覚的な情報があるわかりやすい教材を使用するのが基本です。短い日本語のテクストを、子どもたちにたくさん触れさせることが大切です。

→小学校低学年「書く」レベル３を参照

1 の例

短い文章、物語中の詩、文章の中の語句、など。

5

わからない語句や漢字は、どのレベルにもある。それだけで「読む」力を判断することはできない。むしろ、「絵や写真をストーリーの展開通りに並べる」力は、物語の展開を予想したり、物語の構造を把握したりする「読む」力の基礎となる。

指導上のポイント

絵本の文を指でなぞりながら一緒に読むなどのサポートがあれば、徐々にまとまった文を読めるようになります。また、絵本を一緒に読みながら、その絵やストーリーから考えたことや思ったことを、日本語でやりとりすることが重要です。無理に一人で音読させないことも大切です。「読むこと」を訓練するというよりは、子どもが楽しく自分なりに「読むこと」を体験するようにしましょう。教師は、そのことから、子どもの持つ「読む」力や想像力など、子どもの力の全体を把握することができ、それが次の指導につながります。

小学校　低学年　　読む　　レベル4	
このレベルの主な特徴	単純な構造のテクストを読むことができるレベル
子どもの様子・ことばのやりとり	1. 身近な内容が書かれた単純な構造のテクストを、文脈的な手がかりをたよりに、読んで理解できる。 2. 教師がやさしく書き直したリライト教材なら理解することができるが、教科書の文をひとりで読むことはまだ難しい。 3. 在籍クラスで読むときや他のクラスメイトの前で教科書を読むときには、教師の助けが依然必要である。 4. 初歩的な読解スキルを利用しながら読んでいる様子が見られる。 5. 教師の手助けや促しによって、読んだものについて話すことができる。 6. 第一言語で「読む」力があるときは、音読では、第一言語の影響が見られる場合がある。 7. 第一言語での補助があれば、物語の筋を予測し、第一言語で内容を再話できる場合もある。 8. 第一言語に関わる文化的知識や態度、価値観を持っていることがある。 9. 日本語を「読む」力はなくても、第一言語による「読む」力がある場合がある。第一言語を使う家庭・地域社会などでは、子どもの年齢に応じた範囲で、第一言語を読んで理解することができる。ただし、個人差がある。

解説④　「文脈的な手がかり」とは

私たちがテクストを理解するとき、文字だけを読み取っているわけではありません。テクストを理解するために、「文脈的な手がかり」から情報を得ています。その「文脈的な手がかり」とは、タイトルや展開の仕方、イラストや写真などの視覚的情報、またそのテクストの目的や誰が誰に向けて書いたテクストかなども含みます。「読む」力とは、そのような多様な情報から総合的に内容を考える力といえます。

1 の例

同じ言葉が繰り返されるテクスト、レシピのような簡単な手順が書かれたもの、誰が誰に書いたかわかる短い手紙など。

3 の例

一緒に読んだり、読み方を教えたり、絵本の挿絵と本文を照らし合わせるように指示すると、読み取った内容について述べることができる。

4. 初歩的な読解スキルの例

「声に出して読む」「わからないときには再度読み返す」「絵やイラストを参照する」「読み方がわからないときや意味のわからないときは、他の人に尋ねる」など。

6. 音読の際、第一言語の影響が見られる例

抑揚、強勢、発音や第一言語の音のつながり、など。

指導上のポイント

教科書の本文を子どもの日本語力に合わせて書き直す「リライト教材」は、有効な資料です。ただし、その目的は、在籍クラスの子どもたちと同じ内容を体験させるだけではなく、文脈的な手がかりから、子どもが自分でテクストを理解する姿勢や力を育てることにあります。

リライト教材→キーワード解説「リライト教材」(p.174)

小学校　低学年　読む　レベル5	
このレベルの主な特徴	やや長めのテクストを読むことができるが、複雑な内容のテクストを「読む」力はまだ限られているレベル
子どもの様子・ことばのやりとり	1. 身近な話題であれば、やや長いテクストを、ほとんど一人で読むことができる。 2. ただし、複雑な物語やよく知らない話題についての説明文、また新しい語彙や概念が含まれるテクスト、口語にはない表現が多く含まれるテクストの場合は、負担が大きく、その結果、深い理解ができない。 3. 文の接続や文構造の理解が不足しているため、間違った解釈をしたり、内容を把握できない場合がある。したがって、長くて複雑な文を深く理解できない場合がある。 4. 音読することはできても、内容の把握が不十分な場合がある。 5. 同じ語彙が他の意味で使用されることや、漢字に他の読みや意味があることが理解できるようになる。 6. 日本の歴史や文化的内容が含まれている昔話などは、理解が難しい。 7. 第一言語での補助があれば、物語の筋を予測し、第一言語で内容を再話できる場合もある。 8. 第一言語に関わる文化的知識や態度、価値観を持っていることがある。 9. 第一言語による「読む」力がある場合がある。第一言語を使う家庭・地域社会などでは、子どもの年齢に応じた範囲で、第一言語を読んで理解することができる。ただし、個人差がある。

解説⑤　レベルにあった多読のすすめ

このレベルでは、語彙や文法的な知識が徐々に増えてきていますが、しかしそれらがまだまだ不足している段階です。自分で読めるテクスト、子どもの興味関心にあった、多様な内容が含まれたテクストをたくさん読む機会を、一人ひとりに与えたいものです。読んだ冊数がわかる「多読マラソン」のような工夫も有効でしょう。

1 の例

遠足、運動会などについて書かれた文や植物や動物の観察ノートなど。

2 の例

家庭ゴミの話題、水田についての説明など。

3 の例

順接、逆接の関係や修飾語句と被修飾語句の関係、指示語の内容など。

指導上のポイント

新しい語彙が多く、よく知らない話題のテクストを読む場合は、理解を助ける視覚的な補助や考える時間が必要です。子どもによる「動作化」や、第一言語による経験と結びつけて考えることも重要です。子どもが、日本語のテクストの意味を、体験的に理解できるように工夫しましょう。

小学校　低学年　　読む　　レベル 6	
このレベルの主な特徴	多様なテクストを読めるようになるが、部分的な理解不足がまだあるレベル
子どもの様子・ことばのやりとり	1. 年齢と学年に応じた範囲内で書かれた日本語のテクストは、時間がかかるが、「読む」力はある。 2. 多様な媒体の多様な日本語を読むようになり、読みの幅が広がる。 3. 新出語や概念の説明、話題に関する補足説明などがあれば、学年と年齢に応じた、長くて複雑なテクストが読める。 4. ただし、文の接続や文構造を間違って理解したり、内容を把握できない場合も、ときどきある。 5. 第一言語での補助があれば、物語の筋を予測し、第一言語で内容を再話できる場合もある。 6. 第一言語に関わる文化的知識や態度、価値観を持っていることがある。 7. 第一言語による「読む」力がある場合がある。第一言語を使う家庭・地域社会などでは、子どもの年齢に応じた範囲で、第一言語を読んで理解することができる。ただし、個人差がある。

解説⑥　低学年の子どもの「読む活動」

低学年の子どもは、認知発達の途上であるため、語の示す正確な意味や文の構造を理解することはまだ難しいです。第一言語と、第二言語の日本語の間を、日々移動しながら成長する子どもにとって、「読む活動」は第二言語の文字を介して想像する、負担のかかる活動です。第一言語で「読む」習慣のある子どもは、第二言語の日本語を読む活動にも積極的に関わりますが、個人差や性格も大きく影響します。子どもの個性と発達段階に留意しながら、指導することが大切です。

2 の例

インターネットや漫画、雑誌など。

3

第一言語にはない意味の言葉に出会った場合や、今までに経験したことのない場面の語彙や表現では、理解にずれが生じることがある。

例：伝統的な行事や料理や遊びに関する言葉、慣用句やことわざ、など。

指導上のポイント

小学校低学年で学ぶ漢字の数は 240 です。日本語を読む活動で漢字は避けて通れません。しかし、漢字が読めないからといって、「読む」力が弱いとはいい切れません。やさしい文をたくさん読み、漢字存在感覚を育成することも、「読む」力の向上に必要です。

小学校　低学年　読む　レベル７	
このレベルの主な特徴	日本語のテクストを十分に読むことができるレベル
子どもの様子・ことばのやりとり	1. 年齢と学年に応じた範囲内のテクストをほとんど理解できる。 2. 在籍クラスで新しいテクストを読むときは、他のクラスメイトと同じような支援や指導が必要となる。 3. ただし、文化特有の語句を理解するのは、まだ難しい。 4. 第一言語での補助があれば、物語の筋を予測し、第一言語で内容を再話できる場合もある。 5. 第一言語に関わる文化的知識や態度、価値観を持っていることがある。 6. 第一言語による「読む」力がある場合がある。第一言語を使う家庭・地域社会などでは、子どもの年齢に応じた範囲で、第一言語を読んで理解することができる。ただし、個人差がある。

解説⑦　「年齢と学年に応じた」とは②

子どもの発達段階に応じた「ことばのやりとり」があります。その段階でできることも、できないこともあります。特に、小学校１年生と２年生の間には、発達段階として大きな差があります。また就学前の「本を読む経験」の多い子と少ない子では差が出る場合があります。特に、日本語を学ぶ子どもの場合、そばに教師がいて、「本を一緒に読む経験」をすること、そして読んだ内容について「ことばのやりとり」をすることが大切です。

2 の例

熟語や慣用句、ユーモア、擬態語、擬音語など。

3

日本の童謡や昔話などに出てくる日本の伝統的な生活習慣や文化的事項に関することは、よく理解できないこともある。

例：伝統的な日本の衣・食・住に関する言葉、伝統的な行事や季節に関する言葉など。

指導上のポイント

家庭で主に第一言語が使用されている場合、また地域で第一言語を話す大人や友だちと交流する機会がある場合、第一言語の文字を目にしたり、テクストを読んだりしながら、成長している子どももいます。それらの経験を通じて、子どもの「ことばの力」(第一言語、日本語ともに) の発達が促されます。したがって、子どもが第一言語で読むことは、大いに奨励されてよいでしょう。また、少しでも第一言語を「読む」力があれば、それを賞賛することも、子どもの自尊感情を高める実践につながるでしょう。

❸

JSLバンドスケール　小学校　低学年

【書く】

小学校　低学年　　書く　　レベル１	
このレベルの主な特徴	初めて日本語を書くレベル
子どもの様子・ことばのやりとり	1. 書くことを試したり、書く動作や書く真似をしたりする。 2. 第一言語による書く経験がない場合もある。 3. 日本語で書こうとする。自己表現として、絵や文字らしいものを書く場合もある。 4. 他の人が書いたものを真似る。しかし、ただ書き写しているだけなので、文字の音と形が一致しておらず、書いたものを読んだり、その意味を理解したりすることは困難である。 5. 文の書き方が日本語と異なる言語を第一言語とする場合、覚えるのに時間がかかる場合がある。 6. 自分が表現したいことを日本語で書けない場合に、第一言語で書く場合もある。 7. 第一言語で経験したことをもとに、日本語で書くことを理解しようとする。 8. 日本語で「書く」力はなくても、第一言語による「書く」力がある場合がある。第一言語を使う家庭・地域社会などでは、子どもの年齢に応じた範囲で、第一言語を書くことができる。ただし、個人差がある。

解説①　「書く」構えを作る

子どもの背景はさまざまです。鉛筆を持ったこともない子どももいます。

→小学校低学年「読む」レベル２を参照

日本語を学ぶ子どもの場合、子どもの背景が最も影響するのが「書く」力です。子どもの背景に留意しながら、「書く」構えを作ることが大切です。「書く」構えとは、書くときの姿勢ではなく、「書くこと」への気持ちです。きれいに書けなくても、うまくなぞることができなくても、時間をかけて、励ましたいものです。

4の例

「あいうえお」と書き写すことができるが、それを読ませた場合、「かきくけこ」と読んだりする。

5

文を「左から右へ」「右から左へ」書く第一言語の習慣を持つ子どもの場合、日本語の文の書き方（縦書きの場合、「上から下へ」）を理解しにくい場合がある。

指導上のポイント

子どもの背景は多様です（→小学校低学年「読む」レベル２を参照）。

「書く」活動は、楽しい活動であることが基本です。身体を動かし、ゲームや遊びの要素も入れた楽しい活動を考えましょう。子どもにとって、文字は記号と同じように見えます。視覚的な認識をベースに、活動を展開しましょう。

小学校　低学年　書く　レベル2	
このレベルの主な特徴	日本語で書き始め、意味のあることを書こうとするレベル
子どもの様子・ことばのやりとり	1. 書いたものを補足するため、背景説明として絵を描くことがある。 2. 描いた絵に題をつけたり、自分自身の名前を書いたりできる。 3. 身の回りの文字や記号を「意味を持つもの」として写すことができる。 4. 文字や単語や文らしいものを書き、それに意味を持たせる行動をとることがある。 5. 日本語の力が限られているため、自分の書いたものについて限られた言葉でしか説明できない。しかし、第一言語で、学年に相当するレベルのコメントや説明ができる場合もある。 6. 自分が表現したいことを日本語で書けない場合に、第一言語で書く場合もある。 7. 第一言語で経験したことをもとに、日本語で書くことを理解しようとする。 8. 日本語で「書く」力はなくても、第一言語による「書く」力がある場合がある。第一言語を使う家庭・地域社会などでは、子どもの年齢に応じた範囲で、第一言語を書くことができる。ただし、個人差がある。

解説②　「書くこと」から、学びの喜びを

小学校低学年の子どもにとって、「書く」活動は新しく、わくわくする活動のはずです。何気ない線が文字になると教えられることは、新しい発見であり、喜びの経験です。その文字をなぞることから、新しい意味の世界が広がります。「聞く」「話す」「読む」よりも認知的に負担のかかる「書く」活動が、単なる「訓練」ではなく、学びの喜びを感じる活動にしたいものです。

2の例

描いた絵に「せんせいへ」と書く。

4の例

書くことを試みるが、なかなか書いたものを見せようとしない。あるいは、文字らしいしいものを書いて、書いたものについて口頭で説明しようとする。

指導上のポイント

文を書くためのサポートとして、空欄に単語を書き込んで教師や友だちと一緒に一文を作ることも、文を書く一歩となるでしょう。

ただし、「書く」力は一つの文字や漢字を書く力だけではありません。誰に向かって、何のために、何を伝えたいと思い、どのように書くのかを考えながら、書くことを体験できるように指導しましょう。たとえば、絵を描いて、題をつけるときも、誰に何を伝えたいかを一緒に考えながら書く指導をしましょう。

小学校　低学年　　書く　　レベル３	
このレベルの主な特徴	短い文を日本語で書き始めるレベル
子どもの様子・ ことばのやりとり	1. 身近な事柄について、支援を受けながら、短い文を書き始める。 2. 文字や単語を間違えることはあるが、意味を持った文を書こうとする。ただし、一文の長さも書く量も限られている。 3. 文字や表記に発音の影響が現れる。 4. 日本語による「話し言葉」の限界が、書くものの制限にもなっている。 5. パターンやモデルが与えられたとき、それに倣ったことを書けるようになる。 6. 自分が表現したいことを日本語で書けない場合に、第一言語で書く場合もある。 7. 第一言語で経験したことをもとに、日本語で書くことを理解しようとする。 8. 日本語で「書く」力はなくても、第一言語による「書く」力がある場合がある。第一言語を使う家庭・地域社会などでは、子どもの年齢に応じた範囲で、第一言語を書くことができる。ただし、個人差がある。

解説③　「短い文を書き始める」

レベル３とは、子どもが自分の名前や好きなもの、得意なもの、自分の家族やペットなどの話題で、簡単なやりとりができるレベルです。

→小学校低学年「聞く」「話す」レベル３を参照

したがって、それらのことを誰かに伝えるために、短い文を書きます。たとえば、自分が描いた絵のタイトルや説明などを書くのは、その例です。

2の例：観察日記「ヒヤシンスのかんさつ」

「きゆこんがぼるです。つぼみが２こです。ふわふわしてます。」

「きゅうこんがボールみたいです」の意味。

「きゅ」がうまく使えない。長音に間違いが見られ、ひらがなとカタカナの区別が定着していない。

3の例

・「きゃ」「きゅ」「きょ」や「っ」などを適切に使うことができない。

・第一言語の影響で濁音などを聞き取れない場合などは、それが文字表記にも影響する。

5の例

ふだんは「カルロス」「ノート」と単語でしか話さないが、「～の○○です」というモデルを与えられたときは「カルロスのノートです」と書ける。

指導上のポイント

「書く」は、伝えたいことや表現したいことを情報として他の人へ伝達するというコミュニケーションの基本です。そのことを体得するためには、人と人の関係を大切にし、伝えたいと思う気持ちを作ることです。好きなペットの写真に「わたしの○○」と書くことも、大切な表現体験です。

小学校　低学年　　書く　　レベル４	
このレベルの主な特徴	モデル文をもとに、短い文章を書くレベル
子どもの様子・ ことばのやりとり	1. モデル文をもとに、身近な話題について、簡単で短い文章を書くことができる。その種類の幅は広い。 2. 書く上で、次のような支援が必要となる。 「作文を書く前の話し合い」「モデル文の提示」「語彙の提示」「文のつなげ方の指導（でも、それから、など接続詞の挿入）」 3. 簡単な文章であっても、ときどき意味が通じない文章を書くことがある。 4. 誰に向けた文章か、どんな場面で書く文章かを意識し始める。 5. 推測しながら書くために、前後関係や時制、主述の不一致などの誤用が見られる。 6. 文字や表記に発音の影響が現れる場合がある。 例：助詞が抜ける、促音や長音が抜ける、清音と濁音の区別が不正確など。 7. 自分が表現したいことを日本語で書けない場合に、第一言語で書く場合もある。 8. 第一言語で経験したことをもとに、日本語で書くことを理解しようとする。 9. 日本語で「書く」力はなくても、第一言語による「書く」力がある場合がある。第一言語を使う家庭・地域社会などでは、子どもの年齢に応じた範囲で、第一言語を書くことができる。ただし、個人差がある。

解説④　「モデル文」とは

「モデル文」とは、模範例ではありません。子どもが「こんな世界もあるんだ」「おもしろいなあ」と思うような、「文字の世界」を体験するきっかけを与える素材です。もちろん、その「モデル文」には文の構造や語と語のつながりが含まれていますが、それを下敷きに、単語を当てはめさせ、型を覚えさせることが目的ではありません。文字で何かを表現し、それを人へ伝えたいという気持ちを作ることが大切です。

1、2の例

・簡単な手紙

「6ねんせいへ
いっしょにあそんでたのしっかたよ。
6ねんせいのみんなちゅうがくせいがんばってね。」

……促音と助詞の間違いの例

・簡単な説明

「ちゃきんしぼり
①さいしよぐちゃぐちゃしました。
②さとうをいれました。
③そのつぎいっぱいわけました。」

……意味がわかりにくい文章の例

・出来事作文

「しょうがっこうのおまつり
ゲームがおもしろかったです。
たいへんだったけどたのしかったです。
もおいっかいおまつりやりたいです。」

……長音の間違いの例

指導上のポイント

「誰に向けた文章か、どんな場面で書く文章かを意識し始める」ような、文脈を設定することが大切です。伝えるために書き、その内容を、共感を持って分かち合うことが、書く動機を育みます。読んでくれる人を巻き込みましょう。

小学校　低学年　　書く　　レベル５	
このレベルの主な特徴	身近な話題について自分で書くようになるが、その力はまだ限られているレベル
子どもの様子・ことばのやりとり	1. 身近な話題について、自分で考え、いろいろな言葉を試しながら、文章を書くようになる。しかし、よく使うパターンの文章表現に限られている。 2. 書く上で、次のような支援は依然必要となる。 「作文を書く前の話し合い」「モデルになるような文の提示」「語彙の提示」「文のつなげ方の指導（でも、それから、など接続詞の挿入）」 3. 文章を書くのに、長い時間がかかる場合がある。 4. 書かれた文章の意味は理解できるが、長くなると一貫性に欠けることがある。 5. 語彙が増加してくる。しかし、依然、発音に影響されて、表記を間違える場合がある。 例：長音、濁音、拗音、促音など。 6. 自分が表現したいことを日本語で書けない場合に、第一言語で書く場合もある。 7. 第一言語で経験したことをもとに、日本語で書くことを理解しようとする。 8. 第一言語による「書く」力がある場合がある。第一言語を使う家庭・地域社会などでは、子どもの年齢に応じた範囲で、第一言語を書くことができる。ただし、個人差がある。

解説⑤　１年生が書けること

小学校１年生の発達段階と２年生の発達段階には大きな差があります。文字を写し間違えたり、文に一貫性がなかったりすることは、発達している最中であることを示しています。その意味で、「誤り」ではなく、「正しい」ことなのです。試行錯誤を大切なプロセスと見ましょう。その上で、１年生から２年生の発達段階全体の中で、子どもの様子を理解し、指導しましょう。

１の例

「せんせいあのね」

「せんせいあのね。きょうそとでおにごっこをやりました。５ねんせか６ねんせをつかまえたよ。どっちかわからないです。たのしかったです。またやりたいです。」

……発音の影響、よく使うパターンの文章表現の例。

「えんそく」

「バスですいぞかんにいきました。たくさんさかなが　いました。
さめをみて　たこをみて　きもちわるいでした。
おべんとうをたべました。それから　いるかショーをみました。
みずのおとがおおきかったです。○○ちゃんのかおが　みずです。
○○ちゃんはわらいました。わたしも　わらいました。
たのしかったです。またいきたいです。」

……発音の影響、いろいろ試しながら書いている例。

指導上のポイント

「読むこと」と「書くこと」は表裏をなす活動です。宝探しで「ヒント・カード」に隠した宝物の場所を書くことと、そのカードを読むことは、連続する活動です。そして、そのどちらの活動も、その内容をめぐり、「聞くこと」も「話すこと」もたくさん体験するでしょう。総合的に、「ことばの力」を育成する視点が大切です。

小学校　低学年　書く　レベル６	
このレベルの主な特徴	さまざまな種類の文章を書くようになるレベル
子どもの様子・ことばのやりとり	1. 年齢と学年に応じた範囲内で、さまざまな種類の文章を書くようになる。 2. 日本語力が全体にわたって発達してきているため、それが書くことにも反映される。しかしながら、意味伝達の妨げにならない程度の誤用は依然として見られる。 3. 書くスピードが増し、語と語のつながりや文と文のつながりがある一貫性を持った文章が書けるようになるが、ときどき、誤用もある。 4. 長い文章を書くときに時間がかかる場合もある。 5. ４技能の力が発達し、語彙力が増え、時制や前後関係などを調整する力が身についてきている。 6. 自分が表現したいことを日本語で書けない場合に、第一言語で書く場合もある。 7. 第一言語で経験したことをもとに、日本語で書くことを理解しようとする。 8. 第一言語による「書く」力がある場合がある。第一言語を使う家庭・地域社会などでは、子どもの年齢に応じた範囲で、第一言語を書くことができる。ただし、個人差がある。

解説⑥　「一次的ことば」から「二次的ことば」へ

一般に、子どもたちは小学校に入ると、家庭で使用することば（一次的ことば）に代わって、社会的な文脈の中で使用することば（二次的ことば）を習得するといわれます。「おはよう」の代わりに「おはようございます」を使用するように、子どもたちは社会的な関係の中で適切にことばを使用することを学びます。小学校２年生になると、その社会的な文脈に広がりが出てきて、ますます「二次的ことば」を使用する機会が増えます。手紙文、観察ノート、絵日記、お話作り、などは、その例です。同じことが、「話す活動」にもいえます。子どもたちは、他の人を意識して、話すこと、書くことを学びます。

1 の例

1 年生の書く課題と 2 年生の書く課題は、発展的に設定されていることに留意が必要。手紙文、観察ノート、絵日記、お話作り、など。

2 の例

擬態語、擬音語など。

指導上のポイント

子どもたちの周りには、誕生日カード、お礼の手紙、買い物メモ、秘密のメッセージなど多様な目的の「書く機会」があります。また、ノート、便せん、メール、インターネットなど、多様な種類の伝達媒体があります。「書く活動」は他の人へ働きかける積極的なアクションです。「二次的ことば」の体験学習をたくさん用意してあげましょう。

小学校　低学年　書く　レベル7	
このレベルの主な特徴	日本語で十分に書くことができるレベル
子どもの様子・ことばのやりとり	1. 年齢と学年に応じた範囲内で、あらゆる文章を書くことができる。 2. 4技能が総合的に発達し、目的に対応した文章を書くことができる。また、どの教科にも対応して文章が書ける。 3. 特別に長い時間をかけなくても、書くことができる。 4. 第一言語や母文化と異なった事柄や、経験したことのない話題などについて書く場合は、補助的な説明や支援が必要となる。 5. 自分が表現したいことを日本語で書けない場合に、第一言語で書く場合もある。 6. 第一言語で経験したことをもとに、日本語で書くことを理解しようとする。 7. 第一言語による「書く」力がある場合がある。第一言語を使う家庭・地域社会などでは、子どもの年齢に応じた範囲で、第一言語を書くことができる。ただし、個人差がある。

解説⑦　「ことばの力」の基礎を築くこと

認知発達の観点から見ると、小学校入学前の子どもは、まだ言語を言語としてはっきり認識することはできない段階にいます。そのため、就学前の子どもは複数言語を使用する環境にいても、場面や相手によって言語を変えることをあまり意識することなく、言語を使い分けている様子がよく見られます。しかし、小学校低学年では、徐々に複数の言語の違いに気づきだし、言葉を言葉として捉える力（メタ言語能力）が育成されていきます。それは、子どもが大人になるときの言語能力の基礎となる力です。その意味で、小学校低学年は、子どもの「ことばの力」の基礎を築く大切な時期なのです。

4
日本の童謡や昔話などに出てくる日本の伝統的な生活習慣や文化的事項に関することは、よく理解できないこともある。
例：伝統的な日本の衣・食・住に関する言葉、伝統的な行事や季節に関する言葉など。

指導上のポイント

言葉を言葉として捉える力（メタ言語能力）は、第一言語においても第二言語としての日本語においても、同様に育成されます。「ことばの力」の根っこにある力は、複数言語能力の基底に共通する部分を形成するといわれています。したがって、第一言語を使うことも大いに奨励しましょう。

JSLバンドスケール　小学校

子どものようす・ことばのやりとり	レベル 1 初めて日本語に触れるレベル	レベル 2 よく耳にする日本語表現を理解し始めるレベル	レベル 3 「身近な話題」について、簡単な日本語でやりとりができるようになるレベル
	□他の人がすることを注意深く観察し、ときどきその行動を真似ることがある。 □クラス活動には参加するが、発話はない。クラスメイトのやっていることを真似て、活動に参加したりする。 □第一言語で経験したことをもとに、やりとりを理解しようとする。 □自分の習慣や経験に合ったものや、目でわかるようなことを理解することはある。 □自分の第一言語を話す人に説明や翻訳を求める。	□挨拶や簡単な指示を理解し、応えることができる。 □身振りを使い、態度で対応しようとする。 □話しかける人が身振りや繰り返し、言い換えなどを使って簡単な指導や指示をすると、動作を使って応える。 □質問をすると、理解するのに時間がかかる。 □在籍クラスでは、クラスメイトの話し合いやクラス活動での日本語は、ほとんど理解できない。 □そのため、子どもは、疲れやすく、集中力が続かないことがある。	□「身近な話題に」ついて、教師が絵や身振りなどを使って説明すると、大切な語句は聞き取ることができる。 □簡単な教室指示に従うことができる。 □しかし、在籍クラスでのやりとりについていくのは難しい。 □聞き取れる語彙は限定的で、身近なことに限られている。 □新しい語句を理解するには、時間がかかる。 □教師が繰り返したり、簡単な短い日本語に言い換えたり、十分に時間が与えられれば、理解できる。

共通する特徴

- 第一言語で経験したことをもとに、日本の学校文化（規則や学校で期待されることなど）を理解しようとする。
- 第一言語に関わる文化的知識や態度、価値観を持っていることがある。
- 日本語を「聞く」力は十分でなくても、第一言語を使う家庭・地域社会などでは、子どもの年齢に応じた範囲で、第一言語を聞いて理解することができる場合がある。ただし、個人差がある。

このチェックリストは、各レベルの主な特徴をまとめたものです。子どもの日本語の発達段階を把握するために使用しましょう。
詳しい情報や例は本文をご参照ください。

低学年　「聞く」チェックリスト

レベル4 「身近な話題」から、「目の前にないもの」も理解しようとするレベル	レベル5 さまざまな生活場面で日本語を理解するようになるが、学習場面では、理解する力はまだ限られているレベル	レベル6 ほとんどの生活場面で日本語を十分に理解するようになるが、学習場面では聞き取れない部分がまだあるレベル	レベル7 日本語を十分に理解できるレベル
□教室で毎日繰り返される日常的な場面や遊びなどで使われる日本語は聞いて理解できるが、ときどき支援が必要になる。 □わかりやすい日本語で、明確に筋道立てて手順ややり方が説明されれば「目の前にないもの」も理解しようとする。 □語彙も増えてきているが、まだ限られており、聞いて内容を十分に理解することはできない。 □助詞や文末表現、また複文などが理解しにくいため、会話や説明が長くなると、多くの部分で聞き落としがある。 □在籍クラスで教師の質問を聞いて理解したり、クラスメイトの発言を聞いて理解したりするには、時間がかかる。 □馴染みのない話題を聞くときは、集中力が続かない。	□日常的な生活場面では、年齢に応じた日本語が理解できる。特によく知っている話題の場合は、特別な補足や説明の繰り返しなどをほとんど必要としない。 □学習場面でも、よく知っている話題で、言語面への支援があれば、学習内容を理解できる。 □しかし、学習場面で、言語面の支援がないまま普通の速さで、教師が複雑な言い回しや表現、概念を使って説明したり、話題を発展させたりすると、理解するのは難しい面もある。 □語彙や文法知識が足りないときは、細部を聞き逃したり、話の筋道を見失うことがある。 □教師とクラスメイト、あるいはクラスメイト同士のやりとりの話題に馴染みがなかったり、新しい語彙が多かったりすると、集中力が途切れることがある。	□年齢と学年に応じた生活場面や学習場面で、言語面への支援がなくても、ほとんどの内容が理解できる。 □新しい話題も理解し、また教師が普通の速さで話題を発展させてもほぼ理解できる。 □クラス全体の話し合いやグループ活動などでも、友だちや教師が話している内容をほぼ理解できる。 □ただし、語彙や表現、文法知識がすべて定着しているわけではなく、会話の展開が速いときは、話についていけないときがある。 □社会文化的な経験や知識が足りず、聞きもらすことがある。	□年齢と学年に応じた生活場面や学習場面で、聞いて、十分に理解できる。 □ただし、社会文化的な経験や知識が足りず、聞きもらすことがある。

子どもの名前 ＿＿＿＿＿＿＿＿　記入日 ＿＿／＿＿／＿＿　記入者名 ＿＿＿＿＿＿＿＿

JSLバンドスケール　小学校

子どもの様子・ことばのやりとり	レベル1 初めて日本語を話すレベル	レベル2 よく耳にする日本語表現を使い始めるレベル	レベル3 「身近な話題」について、簡単な日本語でやりとりができるようになるレベル
	□言いたいことが言えず、身振りで伝えようとする。 □ものの名前や単語を一つ、言える(一語文)。 □一語文、二語文で意味を伝えようとする。 □教師や他の子どもが言った単語や語句をそのまま繰り返す。 □日本語の代わりに、第一言語で話したり、答えたりする。 □学習活動の中で、身振りで応えたり、他の人の行動を真似たりすることがある。 □周りを注意深く観察するが、話さない場合もある。	□身近な場面で使う挨拶などの日本語を覚え、使い始める。 □身振りや具体物に頼ってコミュニケーションを行い、それをわかってくれる人と行動をともにする。 □質問を繰り返したり、他の子どもの発言を真似たりする。 □物語や詩、歌にある短い語句を繰り返すような活動に参加することができる。 □意味を伝えるために、日本語のイントネーションなどを使い始める。 □自分勝手に語句を組み合わせたりする。	□挨拶や簡単な教室内の指示を理解し行動することができる。 □絵や具体物をたよりに、身近なことや好きなことについて、やりとりすることができる。 □教師の質問に短く答えることができる。 □日常会話において、二語文、三語文から、徐々に自分の日本語で話し出す。 □しかし、在籍クラスの授業では、教師とクラスメイトの会話に参加することは難しい。 □限られた日本語力しかないので、言いたいことを日本語でどのように言うか考えるために時間がかかる。そのため、簡単なことを言う場合も、考えながら、あるいはつかえながら話す。
	共通する特徴 ・第一言語で獲得した会話のスキルをもとに、コミュニケーションをとろうとする。 ・第一言語に関わる文化的知識や態度、価値観を持っていることがある。 ・日本語を「話す」力は十分でなくても、第一言語で「話す」力がある場合がある。第一言語を使う家庭・地域社会などでは、子どもの年齢に応じた範囲で、第一言語を話すことができる。ただし、個人差がある。		

このチェックリストは、各レベルの主な特徴をまとめたものです。子どもの日本語の発達段階を把握するために使用しましょう。
詳しい情報や例は本文をご参照ください。

低学年 「話す」チェックリスト

レベル4 「身近な話題」から、「目の前にないもの」についても日本語で話そうとするレベル	レベル5 さまざまな生活場面で日本語を使用する力が定着してきているが、学習場面では、表現する力はまだ限られているレベル	レベル6 生活場面で日本語を十分に使えるようになるが、学習場面では表現できない部分がまだあるレベル	レベル7 日本語を十分に使用することができるレベル
□すでに学習した内容について、簡単な質問に答えることができる。 □よく聞いてくれる相手がいれば、自分の生い立ちや最近の出来事などについて、話すことができる。その話を、支援があれば、短くではあるがみんなの前で発表することができる。 □ただし、使える接続詞はわずかで（けど、だって、でも、など）、在籍クラスの授業で教師の質問に的確に答えるにはまだ困難がある。 □クラスメイトが使うような表現（〜でね・うーんとね・〜じゃん・でもさー、など）を使いながら話を続けることができるが、長い談話は途切れがちで、より正確に言おうとすると、ブツブツと途切れる。 □知っている日本語を駆使して日本語を使用しようとするので、正確さに欠ける（たとえば時制の使い方）が、理解できないほどではない。 □助詞はまだ習得途中で、助詞が抜けたり、助詞を適切に使えなかったりすることもある。	□身近な話題であれば日常的に行われている主な教室活動に参加することができる。 □口ごもりや言い間違いなどがなく、イントネーションやアクセントに正確さが増し、流暢に話す。 □接続詞を的確に使うことができる。 □ただし、在籍クラスで、教師が通常の速さで話し、馴染みのない話題が展開される場合には、会話に参加できないことがある。 □学習場面において、複雑な内容や概念を日本語で表現することが困難な場合がある。 □語彙は増えているが言語表現は限られており、深い内容は表現できない場合がある。	□年齢と学年に応じた生活場面や学習場面に、積極的に参加することができる。 □教師やクラスメイトの助けをほとんど借りずに自分自身の考えや意見を述べることができる。 □学習内容が知らないことであっても、内容や語彙がきちんと教えられればより複雑な考えが理解でき、かつ表現できる。また他の人にそれを説明することもできる。 □複雑な表現や微妙な表現を運用する力が育ちつつある。 □ただし意図を正確に表現することは依然として困難な場合がある。 □何かを伝えるときに必要な語彙がわからない場合でも、すでに学習した語彙を使って何とか伝えることができる。	□年齢と学年に応じた生活場面や学習場面で、流暢かつ正確に、口頭でコミュニケーションができる。 □社会文化的な経験や知識が足りずに理解できないときは、質問することができる。 □日本語で正確な言い方を知らない場合には、別の言い方で手際よく説明することができる。

子どもの名前 ＿＿＿＿＿＿＿＿　記入日 ＿＿／＿＿／＿＿　記入者名 ＿＿＿＿＿＿＿＿

JSLバンドスケール　小学校

子どもの様子・ことばのやりとり	レベル１ 初めて日本語に触れるレベル	レベル２ 日本語の文字や短い語を理解し始めるレベル	レベル３ 短い日本語のテクストを理解し始めるレベル
	□よく目に入る文字、単語や絵をいくつか見分けたり、その意味を理解したりできる。 □自分の名前を見分けることができる。 □まだ日本語の文字は読めないが、読んでいるような様子を見せる。 □ある程度話し言葉がわかるようになるまでは、ごく一部の語彙やフレーズしか読めない。 □テクストが理解できないため、読むことに集中できる時間は短い。	□日常生活で目に入りやすい文字や記号、文字のまとまりを識別できる。 □ひらがなやカタカナはほぼ読むことができる。ただし、形や音の似ているものを混同することがある。 □テクストの意味をつかむために、挿絵、文字の形、語句の一部などをヒントに読もうとする。 □教師と一緒に読んだり、教師の後について読んだりするとき、そのテクストに繰り返し出てくる語句を声に出して読み、活動に参加しようとする。 □テクストの中の絵や文字から、名詞や動詞の意味を部分的につかむこともあるが、助詞、接続表現、時制などに関する語は理解できない。	□身近な内容について書かれた短いテクストを、視覚的な助けや場面から推測しながら読むことができる。 □自分で書いたテクストを友だちや先生に向けて読んで聞かせることができる。ただし、その場合、テクストをすべて読み上げるというより、自分で覚えていることをそのまま言ったり、部分的に言葉を読んだりしている。 □日本語を読んでいてわからないことが出てくると、「これは何？」などと日本語で語句の意味を尋ねたり、説明を求めることができる。 □教師が簡単な言葉の繰り返しが多い絵本を読むと、文字を目で追うことができ、知っている部分では教師と一緒に音読する。 □絵本を読んだ後、その絵や写真をストーリーの展開通りに並べ替えることができる。 □わからない語彙や漢字があると、読むことをやめて教師が読んでくれるのを待つことがある。

共通する特徴
・第一言語で経験したことをもとに、日本語の文字や記号文化を理解しようとする。
・第一言語に関わる文化的知識や態度、価値観を持っていることがある。
・日本語を「読む」力は十分でなくても、第一言語による「読む」力がある場合がある。第一言語を使う家庭・地域社会、などでは子どもの年齢に応じた範囲で、第一言語を読んで理解することができる。ただし、個人差がある。

このチェックリストは、各レベルの主な特徴をまとめたものです。子どもの日本語の発達段階を把握するために使用しましょう。
詳しい情報や例は本文をご参照ください。

低学年 「読む」チェックリスト

レベル 4 単純な構造のテクストを読むことができるレベル	レベル 5 やや長めのテクストを読むことができるが、複雑な内容のテクストを「読む」力はまだ限られているレベル	レベル 6 多様なテクストを読めるようになるが、部分的な理解不足がまだあるレベル	レベル 7 日本語のテクストを十分に読むことができるレベル
□身近な内容が書かれた単純な構造のテクストを、文脈的な手がかりをたよりに、読んで理解できる。 □教師がやさしく書き直したリライト教材なら理解することができるが、教科書の文をひとりで読むことはまだ難しい。 □在籍クラスで読むときや他のクラスメイトの前で教科書を読むときには、教師の助けが依然必要である。 □初歩的な読解スキルを利用しながら読んでいる様子が見られる。 □教師の手助けや促しによって、読んだものについて話すことができる。 □第一言語で「読む」力があるときは、音読では、第一言語の影響が見られる場合がある。	□身近な話題であれば、やや長いテクストを、ほとんど一人で読むことができる。 □ただし、複雑な物語やよく知らない話題についての説明文、また新しい語彙や概念が含まれるテクスト、口語にはない表現が多く含まれるテクストの場合は、負担が大きく、その結果、深い理解ができない。 □文の接続や文構造の理解が不足しているため、間違った解釈をしたり、内容を把握できない場合がある。したがって、長くて複雑な文を深く理解できない場合がある。 □音読することはできても、内容の把握が不十分な場合がある。 □同じ語彙が他の意味で使用されることや、漢字に他の読みや意味があることが理解できるようになる。 □日本の歴史や文化的内容が含まれている昔話などは、理解が難しい。	□年齢と学年に応じた範囲内で書かれた日本語のテクストは、時間がかかるが、「読む」力はある。 □多様な媒体の多様な日本語を読むようになり、読みの幅が広がる。 □新出語や概念の説明、話題に関する補足説明などがあれば、学年と年齢に応じた、長くて複雑なテクストが読める。 □ただし、文の接続や文構造を間違って理解したり、内容を把握できない場合も、ときどきある。	□年齢と学年に応じた範囲内のテクストをほとんど理解できる。 □在籍クラスで新しいテクストを読むときは、他のクラスメイトと同じような支援や指導が必要となる。 □ただし、文化特有の語句を理解するのは、まだ難しい。

子どもの名前 ＿＿＿＿＿＿＿＿　記入日 ＿＿／＿＿／＿＿　記入者名 ＿＿＿＿＿＿＿＿

JSLバンドスケール　小学校

	レベル1 初めて日本語を書くレベル	レベル2 日本語で書き始め、意味のあることを書こうとするレベル	レベル3 短い文を日本語で書き始めるレベル
子どもの様子・ことばのやりとり	□書くことを試したり、書く動作や書く真似をしたりする。 □第一言語による書く経験がない場合もある。 □日本語で書こうとする。自己表現として、絵や文字らしいものを書く場合もある。 □他の人が書いたものを真似る。しかし、ただ書き写しているだけなので、文字の音と形が一致しておらず、書いたものを読んだり、その意味を理解したりすることは困難である。 □文の書き方が日本語と異なる言語を第一言語とする場合、覚えるのに時間がかかる場合がある。	□書いたものを補足するため、背景説明として絵を描くことがある。 □描いた絵に題をつけたり、自分自身の名前を書いたりできる。 □身の回りの文字や記号を「意味を持つもの」として写すことができる。 □文字や単語や文らしいものを書き、それに意味を持たせる行動をとることがある。 □日本語の力が限られているため、自分の書いたものについて限られた言葉でしか説明できない。しかし、第一言語で、学年に相当するレベルのコメントや説明ができる場合もある。	□身近な事柄について、支援を受けながら、短い文を書き始める。 □文字や単語を間違えることはあるが、意味を持った文を書こうとする。ただし、一文の長さも書く量も限られている。 □文字や表記に発音の影響が現れる。 □日本語による「話し言葉」の限界が、書くものの制限にもなっている。 □パターンやモデルが与えられたとき、それに倣ったことを書けるようになる。

共通する特徴

- 自分が表現したいことを日本語で書けない場合に、第一言語で書く場合もある。
- 第一言語で経験したことをもとに、日本語で書くことを理解しようとする。
- 日本語で「書く」力は十分でなくても、第一言語による「書く」力がある場合がある。第一言語を使う家庭・地域社会などでは、子どもの年齢に応じた範囲で、第一言語を書くことができる。ただし、個人差がある。

このチェックリストは、各レベルの主な特徴をまとめたものです。子どもの日本語の発達段階を把握するために使用しましょう。
詳しい情報や例は本文をご参照ください。

低学年　「書く」チェックリスト

レベル４ モデル文をもとに、短い文章を書くレベル	レベル５ 身近な話題について自分で書くようになるが、その力はまだ限られているレベル	レベル６ さまざまな種類の文章を書くようになるレベル	レベル７ 日本語で十分に書くことができるレベル
□モデル文をもとに、身近な話題について、簡単で短い文章を書くことができる。その種類の幅は広い。 □書く上で、次のような支援が必要となる。 「作文を書く前の話し合い」「モデル文の提示」「語彙の提示」「文のつなげ方の指導（でも、それから、など接続詞の挿入）」 □簡単な文章であっても、ときどき意味が通じない文章を書くことがある。 □誰に向けた文章か、どんな場面で書く文章かを意識し始める。 □推測しながら書くために、前後関係や時制、主述の不一致などの誤用が見られる。 □文字や表記に発音の影響が現れる場合がある。 例：助詞が抜ける、促音や長音が抜ける、清音と濁音の区別が不正確など。	□身近な話題について、自分で考え、いろいろな言葉を試しながら、文章を書くようになる。しかし、よく使うパターンの文章表現に限られている。 □書く上で、次のような支援は依然必要となる。 「作文を書く前の話し合い」「モデルになるような文の提示」「語彙の提示」「文のつなげ方の指導（でも、それから、など接続詞の挿入）」 □文章を書くのに、長い時間がかかる場合がある。 □書かれた文章の意味は理解できるが、長くなると一貫性に欠けることがある。 □語彙が増加してくる。しかし、依然、発音に影響されて、表記を間違える場合がある。 例：長音、濁音、拗音、促音など。	□年齢と学年に応じた範囲内で、さまざまな種類の文章を書くようになる。 □日本語力が全体にわたって発達してきているため、それが書くことにも反映される。しかしながら、意味伝達の妨げにならない程度の誤用は依然として見られる。 □書くスピードが増し、語と語のつながりや文と文のつながりがある一貫性を持った文章が書けるようになるが、ときどき、誤用もある。 □長い文章を書くときに時間がかかる場合もある。 □４技能の力が発達し、語彙力が増え、時制や前後関係などを調整する力が身についてきている。	□年齢と学年に応じた範囲内で、あらゆる文章を書くことができる。 □４技能が総合的に発達し、目的に対応した文章を書くことができる。また、どの教科にも対応して文章が書ける。 □特別に長い時間をかけなくても、書くことができる。 □第一言語や母文化と異なった事柄や、経験したことのない話題などについて書く場合は、補助的な説明や支援が必要となる。

子どもの名前 ＿＿＿＿＿＿＿＿　記入日 ＿＿／＿＿／＿＿　記入者名 ＿＿＿＿＿＿＿＿

4

JSLバンドスケール

小学校　中高学年

④

JSLバンドスケール　小学校　中高学年

【聞く】

小学校　中高学年　　聞く　　レベル 1	
このレベルの主な特徴	初めて日本語に触れるレベル
子どもの様子・ことばのやりとり	1. 初めて日本語に触れるため、黙っている。 2. 他の子どものやっていることを真似て、教室活動に参加したりする。 3. 第一言語での経験をもとに、身振りやイントネーションの意味を理解しようとする。 4. 人と対面しているとき、身振りや視覚的に得られることなどを手がかりに相手の意図を理解することがある。しかし、日本語を理解しているわけではない。 5. 言語的な負担が多くなると、集中力が続かなくなる。 6. 自分の第一言語を話す人に説明や翻訳を求める。 7. 第一言語で経験したことをもとに、日本の学校文化（規則や学校で期待されることなど）を理解しようとする。 8. 第一言語に関わる文化的知識や態度、価値観を持っていることがある。 9. 日本語を「聞く」力はなくても、第一言語を使う家庭・地域社会などでは、子どもの年齢に応じた範囲で、第一言語を聞いて理解することができる。ただし、個人差がある。

解説①　「第一言語で聞く」

このレベルは、子どもが周りを見て様子を理解しようとするレベルです。小学校中高学年の子どもで、初めて日本語に触れる場合は、それまで日本語以外の言語（たとえば第一言語）で、生活経験のある子どもです。したがって、その言語で経験したことが、日本語によるコミュニケーションにも「総動員」され、日本語を聞くことに活かされます。第一言語で聞く経験が豊かなほど、日本語の習得は早くなります。

1

子どもによって「黙っている」期間は異なる。

「沈黙期間」→小学校低学年「聞く」レベル 1 の解説を参照

3、4 の例

日本語はわからなくても、話し手の表情や動作などから「怒られているということ」「注意されているということ」「質問されているということ」がわかる。

7 の例

・母国で上履きに履き替える習慣がない場合、下履きのまま教室に入る。
・母国で、掃除の前に椅子を机の上に上げる習慣があった子どもが、日本の学校でも、掃除の前に椅子を机の上に上げようとする。

8 の例

自分と会話する教師に対して敬意を表すために、目を合わせることを避ける、あるいは大人しくする。

指導上のポイント

子どもは、日本語を話さなくても、その年齢に応じた認知力を持っています。日本語がわからないからといって、小学校 1 年生と同じと考えるのは、誤りです。子どもの興味関心を探りながら、楽しい言語活動を考え、子どもとの信頼関係（ラポール）を築くことが、このレベルでは大切です。

小学校　中高学年　聞く　レベル２	
このレベルの主な特徴	よく耳にする日本語表現を理解し始めるレベル
子どもの様子・ことばのやりとり	1. 挨拶や簡単な指示を理解し、応えることができる。 2. 身振りを使い、態度で対応しようとする。 3. 日本語の新しい言葉を理解したり、日本語で返答したりするには、時間がかかる。 4. 在籍クラスでは、クラスメイトの話し合いやクラス活動での日本語は、ほとんど理解できない。 5. そのため、子どもは、疲れやすく、集中力が続かないことがある。 6. 学習の手順や学習内容を理解するために、第一言語を話す仲間や大人と第一言語で積極的に話す。 7. 第一言語の影響で、日本語の音（たとえば、清濁の区別）が聞き取れないことがある。 8. 第一言語で経験したことをもとに、日本の学校文化（規則や学校で期待されることなど）を理解しようとする。 9. 第一言語に関わる文化的知識や態度、価値観を持っていることがある。 10. 日本語を「聞く」力はなくても、第一言語を使う家庭・地域社会などでは、子どもの年齢に応じた範囲で、第一言語を聞いて理解することができる。ただし、個人差がある。

解説②　「日常的な言葉」を理解するとき

子どもは日本語を知らなくても、挨拶や指示がわかることがあります。それは、第一言語で経験してきたことがあるからです。第一言語で経験したこととは、誰が誰に言葉を使っているかという状況を理解する経験です。そこを下敷きに、子どもがよく耳にする「日常的な日本語表現」を理解しようとするのが、このレベルです。

2の例

・「いいえ」「ちがう」の代わりに、手を横に振る。

・「これ」「あれ」の代わりに、指差しをする。

3

一対一の対面した状態では、身振りや繰り返し、言葉の言い換えなどの補助があれば、簡単な指示や指導を理解することがある。そのため、一対一の対面で話すことを、子どもが望む場合がある。

4

子どもは、それまで第一言語で生活した経験や学習したことをもとに、周りのことやクラスで行われていることを理解しようとする。そのため、およそのことが少しはわかるように見える。ただし、これは、言葉の意味を理解しているというよりは、目の前にあるものを見て、経験から状況を理解しているといえる。

5

人の話を聞いたり、状況から意味を理解したりするには努力と集中力が必要である。聞いたことがない音とその音の意味することを結びつけながら内容を理解する作業は、子どもに負担をかけることになる。そのため、子どもは疲れやすく、集中力が続かない。

指導上のポイント

具体物や写真やイラストなどがあると、子どもたちは日本語を理解しやすくなります。目に見える具体物を使い、楽しい活動をたくさん取り入れましょう。歌やダンスは子どもをリラックスさせ、日本語の音に慣れるのに効果的です。

小学校　中高学年　　聞く　　レベル３	
このレベルの主な特徴	「身近な話題」について、簡単な日本語でやりとりができるようになるレベル
子どもの様子・ことばのやりとり	1. 「身近な話題」について、教師が絵や身振りなどを使って説明すると、簡単なやりとりは聞き取ることができる。 2. 簡単な教室指示に従うことができる。 3. 一対一の対面で、教師が重要な言葉を繰り返したり簡単な短い言葉で言い換えたりすると、理解できる。ただし、細かい部分を理解することはまだ難しい。 4. 在籍クラス全体でのやりとりについていくのは難しい。 5. 新しい語句を理解するには、時間がかかる。 6. 他の子どもたちが話しているような、雑音があるところでは、十分に聞き取れない。 7. 理解できていないことを隠したりする場合がある。 8. 第一言語で経験したことをもとに、日本の学校文化（規則や学校で期待されることなど）を理解しようとする。 9. 第一言語に関わる文化的知識や態度、価値観を持っていることがある。 10. 日本語を「聞く」力はまだ十分ではないが、第一言語を使う家庭・地域社会などでは、子どもの年齢に応じた範囲で、第一言語を聞いて理解することができる。ただし、個人差がある。

解説③　「一対一の対面で話す」とは

　このレベルの子どもは、日常的な場面で、簡単な日本語のやりとりができるようになり、日本語で学習し始めます。ただし、教師との一対一の場面で対話すると、子どもは理解しますが、在籍クラスで教師が同じことをクラス全体に問いかけても子どもは理解できない場合があります。その原因は雑音などもあるでしょうが、コミュニケーションは、一対一が基本だということです。つまり、お互いが向き合って、お互いがわかる言葉を探りながら、やりとりすることが基本なのです。このレベルの子どもと接するときは、特にこの点が大切です。子どもの個性に応じた「わかる日本語によるやりとり」をたくさんすることが、日本語の伸長に役立ちます。

1

「身近な話題」　　　　　　　　　→小学校低学年「聞く」レベル 3 の解説を参照

2 の例

・教師　：「宿題、やってきた？」
　子ども：「うん」
　教師　：「じゃ、宿題を出してください」
　これを理解して、子どもは反応することができる。

・「前に出て、黒板に書いて」など、教室で使われる短い指示に従うことができる。

7 の例

「自分の知っている語句（「うん」「わかった」「うそ」など）を使う」「微笑みや頷きを見せる」「勉強しているふりをする」「忙しいふりをする」「非常にゆっくり書く」などの行動を見せて、わかったふりをする。自分が他の人から見られていることを理解できる年齢なので、これらの態度は自分のふるまいを調整しているためであり、性格が悪いためではない。これらはコミュニケーション上の方略（ストラテジー）といえる。　方略→キーワード解説「方略」（p.174）

指導上のポイント

子ども自身の身近な話題や子どもの年齢に応じた興味ある話題を選び、視覚的な補助を使い、わかりやすい日本語でたくさんやりとりをすることによって、「聞く」力を伸ばすことができます。

小学校　中高学年　　聞く　　レベル４	
このレベルの主な特徴	「身近な話題」から、「目の前にないもの」も理解しようとするレベル
子どもの様子・ことばのやりとり	1. 教室で毎日繰り返される日常的な場面や遊びなどで使われる日本語は聞いて理解できるが、ときどき支援が必要になる。 2. 学習場面では、絵、図表、資料など、文脈を理解する補助があれば、学習内容を理解し始める。また、わかりやすい語句で、明確に筋道立てて手順ややり方が説明されれば「目の前にないもの」も理解しようとする。 3. 語彙も増えてきているが、まだ限られており、支援がなければ在籍クラスでの学習内容を聞いて十分に理解することはできない。 4. 助詞や文末表現、また複文などが理解しにくいため、会話や説明が長くなると、多くの部分で聞き落としがある。 5. 在籍クラスで教師の質問を聞いて理解したり、クラスメイトの発言を聞いて理解するには、時間がかかる。 6. 馴染みのない話題を聞くときは、集中力が続かない。ただし、テレビのアニメなど、物語のあらすじを理解することがある。 7. 第一言語で経験したことをもとに、学校文化や学習内容を理解しようとする。 8. 第一言語に関わる文化的知識や態度、価値観を持っていることがある。 9. 日本語を「聞く」力はまだ十分ではないが、第一言語を使う家庭・地域社会などでは、子どもの年齢に応じた範囲で、第一言語を聞いて理解することができる。ただし、個人差がある。

解説④　「物語を聞く」とは

レベル４では、徐々に日本語の語彙が増え、理解できる範囲が広がるので、自分のことでも、目の前にないことを話したり、聞いたりすることができるようになります。たとえば、絵や写真を見て、以前に体験したことを話したり、そこから連想したことを話したりすることができます。中高学年の子どもは、第一言語で物語を読んだ経験から、アニメや物語性のあるものを理解する力を持っている場合があります。

「目の前にないもの」→小学校低学年「聞く」レベル４の解説を参照

「身近な話題」　→小学校低学年「聞く」レベル３の解説を参照

4

文の意味の違いを表す助詞（〜も、しか、より、など）や、話者の判断や意図を表す文末表現（かもしれない、しなくては、だって、など）、二つの文をつなげる接続表現（ので、から、あとで、など）について、正確な知識が定着していないため、聞きもらす。

5

一対一では聞き取れることでも、他の子どもが話しているときや、雑音が多いところでは、聞き取れないことがある。

指導上のポイント

このレベルの子どもは、教師の質問に、頷いたり、微笑んだり、真似をしたりするので、教師は子どもが日本語を十分に理解していると誤解してしまうことがあります。そのような誤解に気づいたら、子どもの日本語の弱い部分を知る良い機会と考えて、それを指導に役立てましょう。

小学校　中高学年　　聞く　　レベル５	
このレベルの主な特徴	さまざまな日常場面で日本語を理解するようになるが、学習場面では理解する力はまだ限られているレベル
子どもの様子・ことばのやりとり	1. 日常的な生活場面では、年齢に応じた日本語が理解できる。特によく知っている話題の場合は、特別な補足や説明の繰り返しなどをほとんど必要としない。 2. 学習場面でも、よく知っている話題で、言語面への補助があれば、学習内容を理解できる。 3. しかし、学習場面で、言語面の補助がないまま普通の速さで、教師が複雑な言い回しや表現、概念を使って説明したり、話題を発展させたりすると、理解するのは難しい面もある。 4. 語彙や文法知識が足りないときは、細部を聞き逃したり、話の筋道を見失うことがある。 5. 話題に馴染みがなかったり、新しい言葉が多かったりすると、集中力が途切れることがある。 6. 第一言語で経験したことをもとに、学校文化や学習内容を理解しようとする。 7. 第一言語に関わる文化的知識や態度、価値観を持っていることがある。 8. 第一言語を使う家庭・地域社会などでは、子どもの年齢に応じた範囲で、第一言語を聞いて理解することができる。ただし、個人差がある。

レベル５は長い坂

このレベルの子どもは、日本語をかなり聞くことができますが、まだ語彙や文法知識や表現が不足しています。それを獲得するには、長い時間がかかります。そのため、このレベルに長く停滞しているように見える子どももいます。特に学習場面において、学習内容について基礎知識がなかったり、第一言語での読み書き学習が中断したりした子どもにとってはレベル５は長い坂のように感じられるかもしれません。レベル６に伸長するためには、さらに言語面の継続的な支援が必要です。

解説⑤　なぜ学習場面では理解が難しいのか

子どもの「聞く」力がこのレベルまでくると、日本語を十分に理解しているように見えるかもしれません。しかし、日本語を学ぶ子どもは、語彙の面で、依然ハンディがあるため、言葉と言葉の意味を結びつけ、同時に、学習内容を理解するという作業は負担がかかるのです。そのため、なかなか成績が向上しないときがあります。そのことを「学力が低い」と即断せず、「ことばの力」を向上させる支援を継続することが大切です。

2、3 の例：「言語面への補助」

・ゆっくり話す　・簡単な日本語で言い換える　・視覚的な補助を使う
・説明をゆっくり繰り返す　・考える時間を与える、など。

4 の例

・日本語の語句の意味について以前から誤解があるとき
・第一言語の概念と日本語の概念にずれがあるとき
・複雑な内容を説明する接続詞や微妙な違いを表す表現（たら・すれば・らしい・ようだ、など）に対する知識が不足しているとき、など。

5 の例

・日本の昔話の読み聞かせなど、文化的知識が必要となるような内容を理解することは難しい。
・慣用句や行間を読むことができず、その意図やユーモアを理解できない場合がある。

指導上のポイント

このレベルの子どもは、日本語による基本的なコミュニケーションができます。子どもの年齢や興味にあった内容、学年にあった学習内容を、わかりやすく提示し、4 技能（聞く、話す、読む、書く）全体を使ったことばのやりとりをする活動を進めましょう。そのことにより、学力と「ことばの力」を同時に育成していきましょう。

小学校　中高学年　聞く　レベル6	
このレベルの主な特徴	ほとんどの生活場面で日本語を十分に理解するようになるが、学習場面では聞き取れない部分がまだあるレベル
子どもの様子・ことばのやりとり	1. 年齢と学年に応じた生活場面や学習場面で、言語面への補助がなくても、ほとんどの内容が理解できる。 2. 新しい話題も理解し、また教師が普通の速さで話題を発展させてもほぼ理解できる。 3. クラス全体の話し合いやグループ活動などでも、友だちや教師が話している内容をほぼ理解できる。 4. ただし、語彙や表現、文法知識がすべて定着しているわけではなく、会話の展開が速いときは、話についていけないときがある。 5. 社会文化的な経験や知識が足りず、聞きもらすことがある。 6. 第一言語で経験したことをもとに、学校文化や学習内容を理解することがある。 7. 第一言語に関わる文化的知識や態度、価値観を持っていることがある。 8. 第一言語を使う家庭・地域社会などでは、子どもの年齢に応じた範囲で、第一言語を聞いて理解することができる。ただし、個人差がある。

日本生まれの子どもたち

日本生まれで、幼少の頃から家庭内で日本語以外の第一言語に触れ、家庭外で日本語に触れながら成長した子どもの場合は、日本語をかなり聞くことができますが、第一言語の力は限られている場合があります。家庭内で聞く第一言語が、親が言う「ごはんを食べなさい」「歯を磨きなさい」といった内容の言葉、つまり「台所の言葉」（kitchen language）だけの場合、第一言語の力は育ちません。そのため、子どもは人前で第一言語を使用しない、あるいは使用したがらない場合もあります。第一言語に対する心を育てることも、大切なことです。

解説⑥　「聞く」力と語彙

「聞く」力と日本語の語彙力は密接に関係しています。知らない日本語の語彙は聞いただけでは耳に残らず、それゆえ理解もできません。学年が進むにつれて、漢字語彙が増えていきます。漢字力も、「聞く」力を拡大するために必要です。

4

・レベル５の例にある文法的な知識や表現について、かなり聞いて理解できるようになるが、部分的に理解できないところがまだある。

・在籍クラスで通常使用される教育的な内容のビデオなどは理解できるが、部分的には理解できないところもある。

5

・文化的要素の多い表現（日本の昔話や歴史をもとにした表現、擬音語・擬態語など）、だじゃれやユーモアを理解することは難しい。

・日常生活でよく使われる慣用句や口語表現は理解できるが、それ以外の慣用句や口語表現は理解できない場合がある。

指導上のポイント

コミュニケーションのポイントは、話す人と聞く人の関係づくりです。自分の発言が教師やクラスメイトに聞き入れられたという体験が学ぶ意欲につながります。主体的で対話的な学習を通じて「聞く」力を伸ばしていきましょう。

小学校　中高学年　　聞く　　レベル７	
このレベルの主な特徴	日本語を十分に理解できるレベル
子どもの様子・ことばのやりとり	1. 年齢と学年に応じた生活場面や学習場面で聞く日本語は、十分に理解できる。 2. 学年に応じた教育テレビ番組を聞いて、理解できる。 3. 聞くことに集中でき、また、周囲の雑音があっても聞き取れる。 4. ただし、社会文化的な経験や知識が足りず、聞きもらすことがある。 5. 第一言語で経験したことをもとに、学校文化や学習内容を理解することがある。 6. 第一言語に関わる文化的知識や態度、価値観を持っていることがある。 7. 第一言語を使う家庭・地域社会などでは、子どもの年齢に応じた範囲で、第一言語を聞いて理解することができる。ただし、個人差がある。

解説⑦　「年齢と学年に応じた」とは③

小学校の中高学年の子どもは脳が発達し、認知力が広く伸長する時期です。そのため、年齢と学年に応じて、より複雑な内容を考えたり理解したりする活動が多くなります。これらの活動を通じて、考えたり発表したりする力には、「ことばの力」（第一言語、日本語を含む）は不可欠です。したがって、発達段階に応じて、子どもの成長を育む言語教育が、必要なのです。

4

・伝統的な日本の衣・食・住に関する言葉、伝統的行事に関する言葉や、あまり使われない慣用句や文化的要素の強いユーモアなどは、よく理解できないことがある。

・日本語の語彙に相当する語彙が第一言語にない場合や第一言語内での経験しかなく、日本の歴史や伝統行事、宗教などに関する経験が少ない場合、日本語の語彙を理解できない場合がある。

指導上のポイント

家庭で主に第一言語が使用されている場合、第一言語を話す大人や子ども、また第一言語を話す環境（地域、塾、教会など）から刺激を受け、「ことばの力」（第一言語、日本語を含む）の発達が促されます。したがって、日本語の力が低いと思われる子どもであっても、第一言語の使用を禁止する必要はありません。

④

JSLバンドスケール　小学校　中高学年

【話す】

小学校　中高学年　　話す　　レベル１	
このレベルの主な特徴	初めて日本語で話すレベル
子どもの様子・ことばのやりとり	1. 言いたいことが言えず、身振りで伝えようとする。 2. 単語一つの一語文で、意味を伝えようとする。二語文になることもある。 3. 教師や他の子どもが言った語句をそのまま繰り返す。 4. 意味を確認するために、同じ第一言語を話すクラスメイトに第一言語で話しかけたり、通訳を求めたりする。 5. 学習活動の中で、身振りで応えたり、他の人の行動を真似たりすることがある。 6. 周りを注意深く観察するが、話さない場合もある。 7. 第一言語で獲得した会話のスキルをもとに、コミュニケーションをとろうとする。 8. 第一言語に関わる文化的知識や態度、価値観を持っていることがある。 9. 日本語を「話す」力はなくても、第一言語を使う家庭・地域社会などでは、子どもの年齢に応じた範囲で、第一言語を話すことができる。ただし、個人差がある。

解説①　「第一言語の力」

このレベルの子どもは、日本語で話すのは初めてですが、耳にした日本語の単語を言ったり、他の人の言ったことを真似て繰り返したりすることがあります。また、家庭や同じ第一言語を話す友だちの間では、第一言語を、自信を持って話す子どもがいます。そのことは、日本語を学ぶことにも有効に働きます。第一言語で話す経験や第一言語から得た知識が「話す」力の基礎を作ると考えられます。

ただし、日本生まれで、複数の言語の間で成長する子どもの場合、その第一言語の力が弱いことがあります。個人差がある点にも留意することが大切です。

2 の例

「その本、見せて」「この本、読んでもいい？」などの意味で、ただ「ほん」と言う。

4

第一言語を使用するのは、第一言語によるコミュニケーション能力があるということを意味する。決して、不適応を起こしているわけではない。

6

これを「沈黙期間」という。 →小学校低学年「聞く」レベル 1 を参照

7 の例

第一言語での学習経験があると、理科の実験や総合的な学習での「町の探検」などの活動に、日本語は使わないが参加していく。

指導上のポイント

このレベルの子どもに、無理に話させようとする必要はありません。具体物や動作を示しながら、短い言葉をシャワーのようにかけてあげることが、このレベルでは大切です。写真や絵などの視覚教材、半具体物など、子どもが興味を持つものを使って、やりとりが生まれる活動を行いましょう。

小学校　中高学年　　話す　　レベル２	
このレベルの主な特徴	よく耳にする日本語表現を話し始めるレベル
子どもの様子・ことばのやりとり	1. 身近な場面で使う挨拶などの言葉を覚え、使い始める。 2. 身振りや具体物に頼ってコミュニケーションを行い、それをわかってくれる人と行動をともにする。 3. 質問を繰り返したり、他の子どもの発言を真似たりする。 4. 日本語力がついてくると、周囲に働きかけようとするが、まだうまくやりとりができない。 5. 意味を伝えるために、日本語のイントネーションなどを使い始める。 6. 意味を確認するために、同じ第一言語を話すクラスメイトに第一言語で話しかけたり、通訳を求めたりする。 7. 第一言語で獲得した会話のスキルをもとに、コミュニケーションをとろうとする。 8. 第一言語に関わる文化的知識や態度、価値観を持っていることがある。 9. 日本語を「話す」力はなくても、第一言語を使う家庭、地域社会、学校などでは、子どもの年齢に応じた範囲で、第一言語を話すことができる。ただし、個人差がある。

解説②　「第一言語の影響」

このレベルは、子どもが身近な場面でよく使う日本語表現を理解し、その日本語表現を使用し始める段階です。小学校中高学年の子どもは、日本語で話す力が弱くても、それまで使用してきた第一言語の「話す」力がある場合がほとんどです。そのため、その第一言語の影響によって、日本語の音の聞き分けが難しく、それが日本語を話すときの発音にも影響する場合があります。

また、日本語の質問を理解し、それに答えるのに時間がかかることもあります。しかし、第一言語の「話す」力が、日本語を学ぶ上ですべて障害になるわけではありません。生まれてから小学校中高学年になるまでの、第一言語による経験は、人と人の間のコミュニケーションを理解する基礎的な力として、日本語学習にも役立ちます。

1 の例

「おはよう」「はい」「だめ」など。

4

・クラスメイトと一緒に遊びたくても、うまく言えなくて、「一緒に遊ぼう」と言うつもりで、その人の肩を叩いたりする。そのため、クラスメイトに「乱暴」な印象を与えることがある。
・簡単な単語を使い、他人に指図する。

5 の例

疑問文を表すために、「これ、ほん（↗）」と言う。

指導上のポイント

「きれいくない」は、大人の日本語学習者も使用しますが、これは、「おもしろい」「さむい」などの否定形をもとに、「きれいだ」の否定形を作ろうとしたものです。これは、言語を処理する力があると評価し、否定的に捉える必要はありません。暗示的に、あるいは明示的に、いろいろな方法で指導しましょう。目の前の子どもは、日本語習得の長い過程の一場面にいると見るのがポイントです。

小学校　中高学年　　話す　　レベル3	
このレベルの主な特徴	「身近な話題」について、簡単な日本語でやりとりができるようになるレベル
子どもの様子・ことばのやりとり	1. 日常会話において、二語文、三語文から、徐々に自分の言葉で話し出す。 2. 身近なことや好きなことについて一対一の会話に参加できるが、限られた日本語力しかないので、言いたいことを日本語でどのように言うか考えるために時間がかかったり、考えながら、あるいはつかえながら話す。 3. 全般的に、間違いを恐れず、話すようになる。 4. 教師の補助（言い換え、わかりやすい語句、視覚教材など）があり、身近な話題なら、会話に参加できるが、在籍クラスの授業では教師とクラスメイトの会話に参加することは難しい。 5. 接続詞が限られているため、単文を使った発話が多く、複文を使った発話は少ない。 6. 第一言語で獲得した会話のスキルをもとに、コミュニケーションをとろうとする。 7. 第一言語に関わる文化的知識や態度、価値観を持っていることがある。 8. 日本語を「話す」力はなくても、第一言語を使う家庭・地域社会などでは、子どもの年齢に応じた範囲で、第一言語を話すことができる。ただし、個人差がある。

解説③　日本語の力がつくと、積極的になる

このレベルは、子どもが「身近な話題」について、簡単な日本語でやりとりできるようになり、日本語で学習をし始める段階です。また、次のような様子も見られます。

- 時間をかけて根気よく聞いてくれる人がいて、足場かけが与えられれば、考えながら話したり、発話をもう一度まとめて話したりできます。
- 教師やクラスメイトと話すときは、繰り返しを求めたり、やりとりをしながら、話されている内容を理解しようとする。間違いを恐れず、話すようになります。
- 考えや意味を確認したり、やり方や手順や解決方法を考えるために、同じ第一言語を話す仲間に第一言語で話しかけたりします。

・文脈と聞き手の補助に大いに頼ります（例：話題や話の流れ、考える時間、身振りや表情、質問の言い換え、など）。

「身近な話題」→小学校低学年「聞く」レベル３を参照

2、3 の例：語順が不正確だが、間違いを恐れず話そうとする。

子ども：「きのう、行った、大阪」
教師　：「へぇ、大阪へ行ったんだ。誰と？」
子ども：「お父さんと」
教師　：「きのう、お父さんと大阪へ行ったの？」
子ども：「うん、楽しかった」

5 の例：理科の実験で、水の蒸発についての問い

教師　：「どうして水がなくなったと思いますか？」
子ども：「水、ない。……」
教師　：「どうして、なくなったと思いますか？」
子ども：「えーと、火、あつい、えーと、……、水、少なくなる？」

単文、複文→キーワード解説「単文と複文」（p.174）

指導上のポイント

このレベルの子どもは、タイムキーパーなど、あまり日本語を話さなくてもいい、明確な役割が与えられれば、活動に参加できます。学習活動の中の見える「文脈」を利用して、日本語を少しでも使う場面に参加する体験ができるように指導することも大切です。

小学校　中高学年　　話す　　レベル４	
このレベルの主な特徴	「身近な話題」から、「目の前にないもの」についても日本語で話そうとするレベル
子どもの様子・ことばのやりとり	1. 身近な話題を超えて、日本語の使用が広がり、習った日本語を使い始める。 2. よく聞いてくれる相手がいれば、自分の生い立ちや最近の出来事などについて、順を追って話すことができる。 3. しかし、使える接続詞はわずかで（けど、だって、でも、など）、在籍クラスの授業で教師の質問に的確に答えるのはまだ難しい。「はい」「いいえ」を超える質問にはなかなか答えられない。 4. クラスメイトが使うような表現（〜でね・うーんとね・〜じゃん・でもさー、など）を使いながら話を続けることができるが、長い発話は途切れがちで、より正確に言おうとすると、ブツブツと途切れる。 5. 知っている日本語を駆使して日本語を話そうとするので、正確さに欠ける（たとえば時制の認識や使い方）が、その発話は理解できないほどではない。 6. 助詞はまだ習得途中で、助詞が抜けたり、助詞を適切に使えなかったりすることもある。 7. 第一言語で獲得した会話のスキルをもとに、コミュニケーションをとろうとする 。 8. 第一言語に関わる文化的知識や態度、価値観を持っていることがある。 9. 第一言語を使う家庭・地域社会などでは、子どもの年齢に応じた範囲で、第一言語を話すことができる。ただし、個人差がある。

解説④　なぜ「もう指導は必要ない」と思うのか

このレベルは、子どもが習った日本語を試そうとする段階です。「身近な話題」から、「目の前にないもの」についても日本語で話そうとします。たとえば、生い立ちや空想、物語を読んで考えたこと、以前に体験したことなど、目の前にないことも話そうとするようになります。ただし、その発話は、文としての結束性は不十分で、正確さに欠けます。子どもの発言をよく聞くことは大切ですが、教師は、意味を補って聞くため、子どもが話せるようになったと勘違いし、「もう指導は必要ない」と判断することもあります。しかし、このレベルは、依然、継続的な支援が必要な段階です。

「目の前にないもの」→小学校低学年「聞く」レベル４を参照

2

「よく聞いてくれる相手」とは、子どもの言いたいことの意味を確かめたり、語彙を助けたりしながら、話をよく聞いてくれる人をいう。「よく聞いてくれる相手」がいると、子どもは自分の考えや思いを詳しく話そうとする。文法的な間違いを恐れず、話そうとする。

→小学校低学年「話す」レベル４を参照

3

ただし、教師の補助（見本を示す、語彙を補うなど）があり、事前に準備をすれば、このレベルの子どもは

・「朝のニュース」をクラスの前で一人で発表する。
・水の循環のプロセスを簡単な言葉で説明できる。

指導上のポイント

日本語の力が向上するにつれて、より複雑な考えを表現しようとしたり、頭で理解している日本語と話せる日本語の差を実感して、フラストレーションを感じたりする場合もあります。その場合、子どもの話を「よく聞いてくれる相手」が必要です。「発話を補助する（語彙を補ったり、文を完成させたりする）」ことをしながら、子どもが言いたいことをたくさん話せるように指導し、同時に、課題も発見していきましょう。

小学校　中高学年　　話す　　レベル５	
このレベルの主な特徴	さまざまな生活場面で日本語を使用する力が定着してきているが、学習場面では、表現する力はまだ限られているレベル
子どもの様子・ことばのやりとり	1. 日常的に行われている主な教室活動に参加することができる。 2. コミュニケーションのつまずきをほとんど起こさずに話すことができる。 3. 在籍クラスの教室活動には他のクラスメイトと協力して参加できる。しかし、話す速度が速かったり、馴染みのない話題や文化的要素が多く含まれている話題の場合には、会話に参加できないことがある。 4. 学習場面において、複雑な内容や概念を日本語で表現することが困難な場合がある。 5. 語彙は増えているが接続表現が限られており、深い内容を表現できず、細かい議論に参加できない場合がある。 6. 第一言語で獲得した会話のスキルをもとに、コミュニケーションをとろうとする。 7. 第一言語に関わる文化的知識や態度、価値観を持っていることがある。 8. 第一言語を使う家庭・地域社会などでは、子どもの年齢に応じた範囲で、第一言語を話すことができる。ただし、個人差がある。

レベル５は長い坂

このレベルの子どもは、日本語をかなり話すことができますが、まだ語彙や文法知識や表現が不足しています。それを獲得するには、長い時間がかかります。そのため、このレベルに長く停滞しているように見える子どももいます。特に学習場面において、学習内容について基礎知識がなかったり、第一言語での読み書き学習が中断したりした子どもにとってはレベル５は長い坂のように感じられるかもしれません。レベル６に伸長するためには、さらに言語面の継続的な支援が必要です。

解説⑤　「深い内容」とは何か

このレベルの子どもは、日本語を使用する力が定着してきており、日常生活のさまざまな場面でよく話しますので、他のクラスメイトと同じように見えます。そのため、教師はその子に対して日本語指導の支援が必要でないと考えがちです。しかし、注意深く発話を聞くと、話の展開や文の結束性に欠如があり、複雑な考えや事柄を十分に話せない場合があります。子どもは、語彙や表現がある程度身についてくると、その範囲内でやりとりし、やり過ごしてしまいます。そのため、小学校中高学年の子どもの認知発達のレベルで期待される力（思考力、判断力、表現力など）を的確に発揮できず、話している内容に「深さ」が感じられない場合があります。その点が、このレベルの子どもの新たな課題になります。

「なぜ学習場面では理解が難しいのか」→小学校中高学年「聞く」レベル５を参照

４の例

・社会科の議論や理科の事柄の説明など。

５の例

・「～するとき」「～してから」「～するまで」「～するまでに」「～すると」「～したら」「～すれば」などの前後関係や継続、条件を表す表現。

指導上のポイント

日本生まれで、日本語を第一言語としない子どもの場合は、日本語の口語表現に慣れていたり、社会文化的事情をよく知っていたりするため、同じ年齢でも、後で日本に来た子どもよりも日本語力が高いような印象を与える場合があります。しかし、発話の内容の「深さ」という点では、どちらの子どもも、依然、同じ場合もあります。このレベルの子どもにも、在籍クラスで個別に注意を払い、継続的な指導を行うことが必要です。

小学校　中高学年　　話す　　レベル６	
このレベルの主な特徴	ほとんどの生活場面で日本語を十分に使えるようになるが、学習場面では表現できない部分がまだあるレベル
子どもの様子・ことばのやりとり	1. 年齢と学年に応じた生活場面や学習場面に、積極的に参加することができる。 2. 教師やクラスメイトの助けをほとんど借りずに自分自身の考えや意見を述べることができる。 3. 学習内容が知らないことであっても、内容や語句をきちんと教えられればより複雑な考えが理解でき、かつ表現できる。また他の人にそれを説明することもできる。 4. 複雑な表現や微妙な表現を運用する力が育ちつつある。 5. ただし意図を正確に表現することは依然として困難な場合がある。 6. 何かを伝えるときに必要な語彙がわからない場合でも、すでに学習した語彙を使って何とか伝えることができる。 7. 第一言語で獲得した会話のスキルをもとに、コミュニケーションをとろうとする。 8. 第一言語に関わる文化的知識や態度、価値観を持っていることがある。 9. 第一言語を使う家庭・地域社会などでは、子どもの年齢に応じた範囲で、第一言語を話すことができる。ただし、個人差がある。

日本生まれの子どもたち

日本生まれで、幼少の頃から家庭内で日本語以外の第一言語に触れ、家庭外で日本語に触れながら成長した子どもの場合は、日本語をかなり話すことができますが、第一言語の力は限られている場合があります。家庭内で聞く第一言語が、親が言う「ごはんを食べなさい」「歯を磨きなさい」といった内容の言葉、つまり「台所の言葉」（kitchen language）だけの場合、第一言語の力は育ちません。そのため、子どもは人前で第一言語を話さない、あるいは話したがらない場合もあります。第一言語に対する心を育てることも、大切なことです。

解説⑥　「話す」力とは何か

このレベルの子どもは、生活場面でも学習場面でも日本語を十分に使えますが、部分的な欠如があるレベルです。

「話す」力は、単に「ひとりでしゃべる力」や「クラスでスピーチをする力」ではありません。実際のコミュニケーションの場面では、話し手と聞き手との関係性や話す場面、話の流れなど多様な条件を理解し、かつ話題に関する情報やあらゆる知識を「総動員」して、発信しようとする力が「話す」力といえるでしょう。したがって、このレベルの子どもには、多様な場面を与え、それぞれの目的に応じた日本語使用を考えさせる機会をたくさん与えることが大切です。

→小学校中高学年「聞く」レベル６を参照

4、5の例

「～かもしれない」「～しかない」「～もある」「まだ」「もう」「～たら」「～すれば」「～らしい」「～ようだ」「～するとき」「～してから」「～するとき」などを使えるようになるが、常に正確に使えるわけではない。

7の例

はじめに、自分の意見を先に言ってから、あとで、理由を言うスタイルを好む子どももいます。逆に、理由や説明が長く、言いたいことがわかりにくい子どももいます。

指導上のポイント

教師主導型の教育を主に受けてきた子どもが、在籍クラスの子どもたちによる自発的な発言で進む授業に出ると、無口になったり、控えめになったりする場合があります。それは、学びのスタイルが異なることによって、子どもの反応が異なるからです。

コミュニケーションのポイントは、話す人と聞く人の関係づくりです。自分の発言が教師やクラスメイトに聞き入れられたという体験が学ぶ意欲につながります。主体的で対話的な学習を通じて「話す」力を伸ばしていきましょう。

小学校　中高学年　話す　レベル７	
このレベルの主な特徴	日本語を十分に使用することができるレベル
子どもの様子・ことばのやりとり	1. 年齢と学年に応じた生活場面や学習場面で、流暢かつ正確に、口頭でコミュニケーションができる。 2. 社会文化的な経験や知識が足りずに理解できないときは、質問することができる。 3. 日本語で正確な言い方を知らない場合には、別の言い方で手際よく説明することができる。 4. 第一言語で獲得した会話のスキルをもとに、コミュニケーションをとろうとする。 5. 第一言語に関わる文化的知識や態度、価値観を持っていることがある。 6. 第一言語を使う家庭・地域社会などでは、子どもの年齢に応じた範囲で、第一言語を話すことができる。ただし、個人差がある。

解説⑦　「年齢と学年に応じた」とは④

小学校の中高学年の子どもは脳が発達し、認知力が広く伸長する時期です。そのため、年齢と学年に応じて、より複雑な内容を考えたり理解したりする活動が多くなります。クラスメイトとたくさん話しながら考える活動や、考えたことをポスターやグラフなどを使いながら口頭発表する活動などを行うためには、「ことばの力」は不可欠です。したがって、発達段階に応じて、子どもの成長を育む言語教育が必要なのです。

2
日本の童謡や昔話などに出てくる日本の伝統的な生活習慣や文化的事項についてよく知らないため、うまく使えない語彙もある。
例：伝統的な日本の衣・食・住に関する言葉、伝統的な行事や季節に関する言葉など。

6
台所用品のように日頃第一言語を使って表現している語彙や、第一言語にあって日本語にない表現、あるいは日本にない事象については第一言語でうまく説明することができる場合もある。

指導上のポイント

小学校高学年では敬語が導入されますが、子どもによっては丁寧な言葉遣いや関係性に基づく発話への理解が必ずしも十分ではないことがあります。

一方、中高学年の子どもは言葉を言葉として捉える力、いわゆるメタ的な力（メタ言語能力）が発達していきます。高学年になると、言語についての気づきから、第一言語と日本語の相違点や類似点を日本語で説明することができるようになったりします。そのような発達段階も踏まえながら、子どもの持つ複数言語能力への気づきを促し、そのことを肯定的に捉えられるように助言しましょう。

④

JSLバンドスケール　小学校　中高学年

【読む】

小学校　中高学年　　読む　　レベル 1	
このレベルの主な特徴	初めて日本語に触れるレベル
子どもの様子・ ことばのやりとり	1. よく目に入る文字や単語を理解することができる。 2. 読んでいることを示すために、読んでいるふりを見せることがある。 3. ひらがなやカタカナに慣れるまでは、読む力は限定的なものに留まる。文脈上の手がかり（絵や図など）に頼ることが多い。 4. 第一言語で経験したことをもとに、日本語の文字や文を理解しようとする。 例：漢字圏出身の子どもは、漢字から意味を類推する。 5. 第一言語に関わる文化的知識や態度、価値観を持っていることがある。 6. 日本語を「読む」力はなくても、第一言語を使う家庭・地域社会などでは、子どもの年齢に応じた範囲で、第一言語を読んで理解することができる。ただし、個人差がある。

解説①　「読む」力とは何か

子どもは、個人差はあるものの、同じ年齢層のクラスメイトが持っている能力と同様の知識や技能を第一言語で持っていることがあります。特にこの学年で来日した子どもの場合、第一言語で書かれた生活経験や学習内容のテクストは、第一言語で読むことができる場合があります。

つまり、日本語の文字が読めないからといって、何も読めない、わからないわけではないのです。

第一言語による読み書き経験の少ない子ども→小学校中高学年「書く」レベル 1 を参照

1 の例

自分の名前、学校の名前、教室の表札、学校の掲示板、横断歩道、トイレなどの標識。

2 の例

「本を選ぶ」「座って本を見る」「ページをめくる」「絵本や写真を熱心に観察する」など。

6 の例

第一言語の本を第一言語が同じ仲間と一緒に読んだり、一人でそれを読んだりすることがある。

指導上のポイント

子どもは日本語が理解できず、緊張している場合があります。カード、遊びや歌など、子どもがリラックスして、文字を目にするように工夫しましょう。このような楽しい活動を通じて、子どもとの信頼関係（ラポール）を築くことが、このレベルでは最も大切です。

すでに第一言語で読む経験がある子どもの場合は、その力を認めてあげるだけでも、勇気とやる気を与えることになり、自尊感情を育むことにつながります。教師にとっては子どもの持つ「ことばの力」を垣間見るチャンスとなるでしょう。

小学校　中高学年　　読む　　レベル２	
このレベルの主な特徴	日本語の文字や短い語を理解し始めるレベル
子どもの様子・ ことばのやりとり	1. 日常生活で目に入りやすい文字や記号、文字のまとまりを識別できる。 2. ひらがなやカタカナはほぼ読むことができる。ただし、形や音の似ているものを混同することがある。 3. テクストの意味をつかむために、挿絵、文字の形、語句の一部などをヒントに読もうとする。 4. 積極的に本を読む態度を見せる。 5. テクストの中の絵や文字から、名詞や動詞の意味を部分的につかむこともあるが、助詞、接続表現、時制などに関する語は理解できない。 6. 第一言語で経験したことをもとに、日本語の文字や文を理解しようとする。 例：漢字圏出身の子どもは、漢字から意味を類推する。 7. 第一言語に関わる文化的知識や態度、価値観を持っていることがある。 8. 日本語を「読む」力はなくても、第一言語を使う家庭・地域社会などでは、子どもの年齢に応じた範囲で、第一言語を読んで理解することができる。ただし、個人差がある。

解説②　多様な背景を持つ子どもたち

生まれた場所やそれまでの学習環境によって、子どもの「読む体験」「読む」力は異なります。たとえば、家庭内や学校で第一言語による読み書き経験のある子ども、インターナショナル・スクールなどで第一言語以外の英語などで読み書き経験がある子ども、さらに、異なる国や地域を移動し続け教育を継続的に受けられなかった子ども、国籍は日本だが海外で成長した子どもなど、多様です。子どもの背景の情報は、子どもを理解する上で重要です。

1 の例

日本語で書かれた学校名、自分の名前、住んでいる街の名前など。識別するとは、読み書きができるという意味ではなく、図や記号のようにわかるという意味。

2

ひらがな、カタカナの習得には時間がかかる。レベル２以上の子どもでも誤用はあるので、これだけをレベル判定の目安にするのではなく、「読む」力全体を把握することが大切である。

7

第一言語で読み書き経験のある子どもは、第一言語の本を読んだり、第一言語のわかるクラスメイトと読んだ内容を話し合ったりすることを好む場合がある。

指導上のポイント

子どもの第一言語の経験によっては、縦書きの文に馴染めない場合や、横書きでも右から左へ読む習慣を持つ子どももいます。分かち書きの文で、日本語の基本的なルールに慣れることが、まず大切です。

分かち書きの例：ぼうずが　びょうぶに　じょうずに　えを　かいた（文節）／ぼうず　が　びょうぶ　に　じょうずに　え　を　かいた（単語）

小学校　中高学年　　読む　　レベル３	
このレベルの主な特徴	短い日本語のテクストを理解し始めるレベル
子どもの様子・ことばのやりとり	1. 身近な内容について書かれた短いテクストを、視覚的な助けや場面から推測しながら読むことができる。 2. 短く単純で、繰り返しが多い物語を読むことができる。また、自分が知っている部分では読みに参加できる。 3. 補助があれば、短いテクストやリライト教材を読むことができる。 4. 簡単な指示文を読むことができる。 5. 「だから」「そして」「その」など、基礎的な接続詞、指示詞を理解し始めている。 6. 第一言語で経験したことをもとに、日本語の語彙や表現を理解しようとする。 例：漢字圏出身の子どもは、漢字から意味を類推する。 7. 第一言語に関わる文化的知識や態度、価値観を持っていることがある。 8. 日本語を「読む」力は弱くても、第一言語を使う家庭・地域社会などでは、子どもの年齢に応じた範囲で、第一言語を読んで理解することができる。ただし、個人差がある。

解説③　「読む」ことと「見る」こと

「読む」は、文字や文章を読むことだけではありません。ICT教育が進む現在、子どもたちは絵やイメージに含まれているメッセージを読み解く力（Viewing）、またグラフやデータから意味を読み取る力が求められています。したがって、それらの活動を通じて、「読む」力、「読み解く力」「読み取る力」を育成することも大切な「ことばの教育」です。

1 の例

短い出来事作文を読むことができる。

3

新しい語彙の説明、わかりやすい言葉での言い換え、視覚的資料、漢字にルビをつけるなどの、足場かけがあれば、身近な話題で、複雑な文の少ないテクストを読むことができる。

4 の例

プリント教材の指示文：「あうものに○をつけなさい」

5

わからない語彙や漢字は、どのレベルにもある。それだけで「読む」力を判断することはできない。第一言語での経験をもとに、物語の展開を予想したり、物語の構造を把握したりする「読む力」をすでに持っている場合もある。

指導上のポイント

第一言語で読む経験を持つ子どもは、本や物語のタイトル、ページなどを理解する力を持っています。そのため、日本語の絵本や物語を教師とともに読む場合、読む前に題名から内容を想像したり、次の展開を予想したりする活動ができます。読む活動をしながら、子どもとたくさん話をすることも大切です。「読む」「話す」、そして「書く」活動を統合しながら、指導を進めましょう。

小学校　中高学年　　読む　　レベル４	
このレベルの主な特徴	日本語能力が伸長するにつれ、読む範囲が広がっていくレベル
子どもの様子・ことばのやりとり	1. 文化的な情報を多く含んでいない、簡単な文と構成の物語を楽しみながら読むことができる。 2. 日本語で読んだ簡単な物語を口頭で再現することができる。 3. 身近な話題についてのさまざまなテクストから、事実に基づく情報を得ることができる。しかし、まだ教師の支援や視覚的な補助を必要とする。 4. 在籍クラスの教科書は、途中で理解できなくなったり、断片的な理解に留まったりする。 5. 日本語を「読む」力は、これまでの口頭でのやりとりや読む活動で出会った語彙の量に制限される。 6. 第一言語で経験したことをもとに、日本語の語彙や表現を理解しようとする。 例：漢字圏出身の子どもは、漢字から意味を類推する。 7. 第一言語に関わる文化的知識や態度、価値観を持っていることがある。 8. 日本語を「読む」力は弱くても、第一言語を使う家庭・地域社会などでは、子どもの年齢に応じた範囲で、第一言語を読んで理解することができる。ただし、個人差がある。

解説④　「文脈的な手がかり」

私たちがテクストを理解するとき、文字だけを読み取っているわけではありません。テクストを理解するために、「文脈的な手がかり」から情報を得ています。その「文脈的な手がかり」とは、タイトルや展開の仕方、イラストや写真などの視覚的情報、またそのテクストの目的、誰が誰に向けて書いたテクストかなども含みます。「読む」力とは、そのような多様な情報から総合的に内容を考える力といえます。

1 の例

係の仕事や教室のルールなどを箇条書きにした掲示物、絵やイラストが多く単純な展開の物語など。

3

課題の指示を読み、適切に反応できる。

例：「正しいもの」と「正しくないもの」、あわせる、線で結ぶ、など。

5

情報量が多すぎたり、言語形式が複雑なテクストを避ける。

指導上のポイント

教科書の本文を子どもの日本語力に合わせて書き直した「リライト教材」は、有効な素材であり、足場かけの一種です。ただし、その目的は、在籍クラスの子どもたちと同じ内容を学ぶだけではなく、文脈的な手がかりから、子どもが自分でテクストを理解する姿勢や力を育てることにあります。また、教師が子どもに合わせて「リライト教材」を作ることは、子どもを深く理解することにつながる実践でもあります。

小学校　中高学年　　読む　　レベル 5	
このレベルの主な特徴	多様なテクストを読むようになるが、深く理解する力はまだ弱いレベル
子どもの様子・ことばのやりとり	1. 生活場面、学校場面に関する多様なテクストを読んで理解できる。 2. ただし、学習教材の理解の「深さ」は、総合的な日本語力に制限される。 3. 新しい内容のテクストを読む場合、語彙の説明、文脈的情報、概念の説明などの教師の補助が必要であり、それらを理解するための時間が多く与えられれば、要旨を把握することができる。 4. 長くて複雑なテクストを深く理解するために必要な「読む」力は、弱い。 5. 第一言語で経験したことをもとに、日本語の語彙や表現を理解しようとする。 例：漢字圏出身の子どもは、漢字から意味を類推する。 6. 第一言語に関わる文化的知識や態度、価値観を持っていることがある。 7. 日本語を「読む」力は弱くても、第一言語を使う家庭・地域社会などでは、子どもの年齢に応じた範囲で、第一言語を読んで理解することができる。ただし、個人差がある。

レベル 5 は長い坂

多くの子どもたちが「読む　レベル 5」で困難に直面します。その困難とは、より複雑な内容の文をどのように読み、理解したらよいのかが子どもにはわかりにくいという課題です。その課題を乗り越えるには、総合的な日本語の力をつけなければならないため、時間もかかります。一方、このレベルの子どもは、独力である程度読めるようになると、ひとりよがりの解釈でも十分と思うようです。その結果、教師から見ると、このレベルに長く停滞しているように見える子どももいます。特に、テクストの文脈を理解するしっかりした基礎的知識がない子どもや、第一言語での読み書き学習が中断した子どもにとっては、レベル 5 は長い坂のように感じられるかもしれません。この坂を登りきるには、子ども自身の努力にゆだねるのではなく、教師の励ましと継続的な支援が必要です。

解説⑤　レベルにあった多読のすすめ

このレベルの子どもは、日本語の語彙や文法的な知識が徐々に増えてきていて、多様なテクストを読むようになります。しかし、語彙や文法的な知識がまだまだ不足しているため、日本語を深く理解する力はまだ弱い段階です。自分で読めるテクスト、子どもの興味関心にあった、多様な内容が含まれたテクストをたくさん読む機会を一人ひとりに与えたいものです。読んだ冊数がわかる「多読マラソン」のような工夫も有効でしょう。

1 の例

人気のある雑誌や漫画、ゲームの説明、学校行事の説明や学級だより、クラスの新聞など。

2 の例

・複雑な構文についての知識や語彙の量、単語の意味や文の構成・つながりなどから意味を類推する力によって制限される。
・特に身近でない話題（例：惑星、蒸発作用、小数など）について複雑で抽象的な日本語で書かれているテクストを読んで、予測したり、関連づけたり、推論したり、結論を出したりする能力は限られるため、理解の深さがない。
・話題についての背景知識がすでに第一言語や日本語で身についている場合は、それが助けになる。

4 の例

・語や句などに注意が集中しすぎて、話の筋や文章、談話の意味、先に読んだ部分の意味などを取り逃がしてしまう。
・複雑な接続表現（にもかかわらず、～したとしても）、微妙な意味合いの違い（～しかない、～もある）などの理解が十分にできないことがある。

指導上のポイント

二言語辞書（第一言語・日本語、〇和辞典の類）を使うことは大いに奨励されてよいことです。ただし、辞書に書かれている解説を読み、理解するには二言語についての知識やメタ言語能力（言語を言語として捉える力）が必要となります。「二言語辞書を使いなさい」と言うだけではなく、辞書を使いながら、一緒に考えていくことが大切です。

小学校　中高学年　読む　レベル6	
このレベルの主な特徴	多様なテクストをかなり読めるようになっているが、部分的な理解不足がまだあるレベル
子どもの様子・ことばのやりとり	1. 年齢と学年に応じた範囲内で、たいていのテクストを読んで理解できる。 2. ただし、文化的知識が必要な内容の場合は理解が困難なこともある。 3. 長いテクストの筋を見失わずに読める。 4. 複雑な構文を理解することができ、読むのに必要な幅広い語彙を持つ。 5. 第一言語で経験したことをもとに、日本語の語彙や表現を理解しようとする。 例：漢字圏出身の子どもは、漢字から意味を類推する。 6. 第一言語に関わる文化的知識や態度、価値観を持っていることがある。 7. 第一言語を使う家庭・地域社会などでは、子どもの年齢に応じた範囲で、第一言語を読んで理解することができる。ただし、個人差がある。

解説⑥　多様な背景のある子どもの「読む活動」

文化的背景が日本とは異なる子どもは、書かれたテクストの中の、内容や登場人物を理解したり、情報の正確さを判断したり、書き手の態度や考えや心情などを理解するのが困難な場合もあります。それは、子どもの日本語の「読む」力が弱いためではなく、子どもの文化的背景（たとえば、宗教的価値観、家族観、習慣など）が異なるために理解できなかったり、別の考え方や意見を持っていたりするからです。そのことも含めて、子どもの個性を踏まえて、読む活動を指導したいものです。

2 の例

日本の伝統や文化的要素を含む物語教材の読解は難しい。また、日本語による独特のニュアンスや比喩は理解が困難。

3 の例

適切に、大意取り（skimming）したり、情報取り（scanning）したり、要約したりすることができる。

4

自分が今までに直接体験した以外の新しい語彙を日本語で学び続ける。「重力」「作用」など、教科特有の語彙を教室やクラスメイトから学ぶ。

指導上のポイント

読む活動は「朝の読書」時間に一人で黙々と読む作業だけではありません。クラスメイトとともに課題を立てて、対話を通じて、考えを深め、さらに情報を求めてインターネットなど利用し、多様なリソースを読むことも、大切な「読む」活動です。主体的に「読む」活動から、「深い学び」に発展させる実践を心がけましょう。

小学校　中高学年　読む　レベル７	
このレベルの主な特徴	日本語のテクストを十分に読むことができるレベル
子どもの様子・ことばのやりとり	1. 年齢と学年に応じた範囲内のテクストを読んで理解できる。 2. 在籍クラスで与えられる「読む課題」に自力で対応できる。 3. ただし、文化的知識が必要な内容の場合は理解が困難なこともある。 4. 第一言語で経験したことをもとに、日本語の語彙や表現を理解しようとする。 例：漢字圏出身の子どもは、漢字から意味を類推する。 5. 第一言語に関わる文化的知識や態度、価値観を持っていることがある。 6. 第一言語を使う家庭・地域社会などでは、子どもの年齢に応じた範囲で、第一言語を読んで理解することができる。ただし、個人差がある。

解説⑦　「年齢と学年に応じた」とは⑤

このレベルの子どもは、独力で日本語のテクストを読み、理解できる段階です。一般に、小学校の中高学年の子どもは脳が発達し、認知力が幅広く伸長する時期です。そのため、学習場面では、年齢と学年に応じて、より複雑な内容を考えたり理解したりする活動が多くなります。日本語を学ぶ子どもに対しても、テクストをクラスメイトと一緒に読み、テクストについて意見交流したり、互いに理解を深め合ったりするような活動を積極的に展開することが期待されます。読むことはコミュニケーション活動と捉え、発達段階に応じた多様な言語教育を行いましょう。

2

中学年の子どもは、手紙、報告文、物語、エッセイ、説明文など多様なテクストを読むことができる。

高学年の子どもは、さまざまなリソース（新聞、参考書、地図、資料集など）を読んでメモを取ったり、要約したりできる。

3

たとえば、言葉の微妙な意味、比喩、ことわざ、ユーモアなどを理解するのは難しい。

指導上のポイント

家庭で主に第一言語が使用されている場合、第一言語を話す大人や友だち、また第一言語を話す環境から刺激を受け、「ことばの力」（第一言語、日本語ともに）の発達が促されます。中高学年の子どもの中には、第一言語が読めることを隠したり、読めないふりをしたりする子もいます。第一言語を読む体験は、子どもにとっては大切な活動です。教師が第一言語を教えられなくても、子どもが第一言語を読むことを、教師が認め、尊重する態度を見せることは、言語教育の実践としてとても大切なことです。

④

JSLバンドスケール　小学校　中高学年

【書く】

小学校　中高学年　書く　レベル 1	
このレベルの主な特徴	初めて日本語で書くレベル
子どもの様子・ことばのやりとり	1. 日本語の文字を書き写すことができる。 2. 他の人が書いたものを真似る。 3. 自己表現として、絵や文字らしいものを書く場合もある。 4. 文の書き方が日本語と異なる言語を第一言語とする場合、覚えるのに時間がかかる場合がある。 5. 自分が表現したいことを日本語で書けない場合に、第一言語を使用することが勧められれば、第一言語で書く場合もある。 6. 第一言語で経験したことをもとに、日本語で書くことを理解しようとする。 7. 日本語で「書く」力はなくても、第一言語を使う家庭・地域社会などでは、子どもの年齢に応じた範囲で、第一言語を書くことができる。ただし、個人差がある。

解説①　第一言語による読み書き経験が少ない子どもの場合

来日時にすでに第一言語による公教育を受け、第一言語による「読み書き」能力を持っている子どももいます。

→小学校中高学年「読む」レベル 1 を参照

一方、子どもの中には、紛争や避難など、来日前の生活環境が不安定のため、第一言語の学校で公教育をきちんと受けられなかった子どももいます。さらに、家庭でも第一言語の文字に触れる経験が限られている子どもの場合は、読み書きの概念や文字への気づき自体が定着していない場合があります。

そのような子どもの背景と発達段階に留意しながら、「書く」構えを作ることが大切です。文字を読んで、記号と音を体験することや、文字をなぞり、書き順があることや文字のバランスを体験することなどを通じて、読むこと、書くことの理解や体得が進むように、時間をかけて、励ましたいものです。

2
ただし、書き写しているだけなので、文字の音と形が一致しておらず、書いたものを読んだり、その意味を理解したりすることは困難である。

4
文を横に書く（左から右、右から左）ことに慣れている子どもは、原稿用紙などで日本語を縦に書くことを理解するのに時間がかかる場合がある。

指導上のポイント

中高学年で来日した子どもの場合、同じ年齢層のクラスメイトが持っている能力と同様の知識や技能を第一言語で持っている子どもも多くいます。その第一言語を「書く」力を高く評価し、クラスメイトにも見える形で提示することも、自尊感情と学習意欲を高めることにつながります。実践面で、工夫したいものです。

小学校　中高学年　　書く　　レベル２	
このレベルの主な特徴	日本語で書くことを試み続けるレベル
子どもの様子・ ことばのやりとり	1. 身の回りにある文字や教師の書いたものを書き写すことができる。 2. 補助があれば、描いた絵にタイトルをつけたり、自分の名前を書いたりできる。 3. 漢字の書き順が示されれば、それを書き写したり、書いたりできる。 4. ひらがなやカタカナが定着しつつあるが、まだすべて書けるわけではない。 5. 自分が表現したいことを日本語で書けない場合に、第一言語を使用することが勧められれば、第一言語で書く場合もある。 6. 第一言語で経験したことをもとに、日本語で書くことを理解しようとする。 7. 日本語で「書く」力はなくても、第一言語を使う家庭・地域社会などでは、子どもの年齢に応じた範囲で、第一言語を書くことができる。ただし、個人差がある。

解説②　「書くこと」から、学びの喜びを

低学年の子どもと中高学年の子どもの違いは、後者がより認知的に成長しているということです。第一言語で教育を受けた子どもは、その言語で「書く」力があります。たとえ日本語で「書く」力がレベル２でも、第一言語で「書く」力はそれ以上であり、「書く」という経験も多くあることが想定されます。第一言語で「書く」経験は、日本語を「書く」ときに役立つものです。そのことを前提にして、子どもが日本語で「書く」活動に、子どもの第一言語の知識や経験を結びつける実践があっていいでしょう。

2

中学年の場合、絵を描くことで自己表現したいと思う子どももいる。あるいは、書いたものを補足するため、背景説明として絵を描くことがある。

3

ただし、書き写しているだけなので、文字と音が一致しているとは限らない。書いたものを読んだり、その意味を理解したりすることはまだ困難がある。

4

拗音（きゃ、きゅ、など）、促音（小さい「つ」）などはまだ十分に書けない。これは、レベル４まで続く。

指導上のポイント

単語を分けて書く言語（例：英語）、単語をつなげて書き声調記号をつける言語（例：タイ語）などを第一言語とし、その正書法に慣れている子どもは、日本語の書き方を理解するのに時間がかかる場合があります。しかし、このことは書くことのレベルを表すのではなく、書くための技術的支援が必要であることを示しています。丁寧に説明し、練習を通じて少しずつ理解を進めることが大切です。

小学校　中高学年　　書く　　レベル３	
このレベルの主な特徴	短い文を日本語で書き始めるレベル
子どもの様子・ことばのやりとり	1. よく知っている話題について、適切な補助があれば、短い文を書くことができる。 2. 子どもの「話し言葉」に見られる誤用を反映した文を書く。 3. 単文を書くことができる。ただし、使える接続詞は限られており、複文はまだ作れない。 4. 知っている漢字を使うことができるが、その数は限られている。 5. 在籍クラスで行われる、書くタスクをこなすのは困難である。 6. 自分が表現したいことを日本語で書けない場合に、第一言語を使用することが勧められれば、第一言語で書く場合もある。 7. 第一言語で経験したことをもとに、日本語で書くことを理解しようとする。 8. 日本語で「書く」力はなくても、第一言語を使う家庭・地域社会などでは、子どもの年齢に応じた範囲で、第一言語を書くことができる。ただし、個人差がある。

解説③　「短い文を書き始める」

レベル３とは、子どもが自分の名前や好きなもの、得意なもの、自分の家族やペットなどの話題で、簡単なやりとりができるレベルです。

→小学校中高学年「聞く」「話す」レベル３を参照

教師の補助により、日本語で短い文を書く練習を重ねる段階ですから、書く文は、単文が多く、接続詞を使った複文はあまり作成できません。しかし、第一言語では複雑な文を読んだり書いたりできる力を持っている子どもも多く、言いたいことはたくさんあると考えましょう。

1

「よく知っている話題」とは、「自分自身のことや家族のこと、日常のこと」など。

「適切な補助」とは、テクストの構成やモデル文や、言語面の補助など。また、「短い文」とは、日記、手紙、簡単な説明文、出来事作文など。

2、3、4の例：このレベルの子どもの作文

「お楽しみ会」後に書いた４年生の作文

伝言ゲームをしました。伝言ゲームは、前の人がどんどん伝言をしてさいごの人に伝えるっていうゲームです。いっぱいチームがいるの早いチームが三チームでえらばれます。ぼくのチームは、ちょっとおそかったので一回えらばれていませんでした。ぼくのだけちゃなくてほかのチームもぼくのチームと同じもありました。ゲームがおわって、次は、クイズをしました。

５年生の作文

お父さんは、○○に住んでいます。前は△△にすんでいました。今は××にすんでいます。

わたしは、スポーツが好きです。バドミントン、テニス、ピアノ、たっきゅう。わたしは音楽も好きです。とくに、ピアノです。とくに好きな野さいは、にんじんやきゅうりです。きゅうりはみそをつけて食べます。

指導上のポイント

上の５年生の作文では、この後に、この子は教師に尋ねながら、「にんじんは小さく切って、レーズンを入れたサラダがすきです」と綴りました。中高学年の子どもは、頭の中に言いたいことがたくさんあり、より複雑な文も書きたいという気持ちもあります。言いたいことが日本語の文になる体験は、子どもに達成感を与え、学習動機を高めます。丁寧な指導を心がけたいものです。

小学校　中高学年　書く　レベル4	
このレベルの主な特徴	学習したことをもとに、長く複雑な文を日本語で書こうとするレベル
子どもの様子・ことばのやりとり	1. 教師とともに読んだものをモデルに、物語文や説明文などの簡単な文章を書くことができる。 2. いろいろ書くことを試し続ける。 3. しかし、JSL児童の特徴的誤用は依然見られる。 4. 以前より長く、そして速く書けるが、日本語の力は限られているため、日本語で書いたものの「深さ」は、まだ十分ではない。 5. 在籍クラスで行われる、書くタスクをこなすのは、まだ困難である。 6. 自分が表現したいことを日本語で書けない場合に、第一言語を使用することが勧められれば、第一言語で書く場合もある。 7. 第一言語で経験したことをもとに、日本語で書くことを理解しようとする。 8. 日本語で「書く」力はなくても、第一言語を使う家庭・地域社会などでは、子どもの年齢に応じた範囲で、第一言語を書くことができる。ただし、個人差がある。

解説④　「モデル文」と「深さ」

子どもが書いたテクストに「深さ」がないと感じるのは、テクストが単文だけで綴られていたり、年齢に応じた複雑な内容や場面に応じた表現を支える文構造がなかったりするためです。「モデル文」をベースに、子ども自身のユニークな発想や複雑な考えを書けるように、語彙や接続表現を補助しつつ、豊かな表現を子どもと一緒に考えていく実践が必要です。

「モデル文」→小学校低学年「書く」レベル4を参照

2

・書くことをいろいろ試すので、以前よりも間違いが多く見える場合もある。ただし、これは言語発達の表れでもある。

・また、間違いを恐れず書くので、最初に書き出したときに間違いがあって、それを知りながらも、書きたいことを書き続け、テクストを完成させることもある。

3

・文章に見られるJSL児童の特徴的誤用

例：主語と動詞の呼応関係や時制、自他動詞の混合、助詞や句読点の欠落、語彙・漢字の不適切さ、など。

・口頭表現の特徴が書くことに影響を与える。

例：て形（見て・書いて・読んで）の多用、聴解の影響が表記に表れる、など。

・日本語の発音と表記の違い

例：発音（「オトオサン」表記は「おとうさん」）や第一言語の発音が影響して（母語の干渉）、表記を間違えることがある。

このレベルの４年生の例：磁石の実験

じしゃくを使って、どれにつくか調べました。調べたものは、えんぴつ、クリップ、はさみ、消しゴム。はじめに、じしゃくをえんぴつにつけました。でも、くつけませんでした。次に、クリップにつけて、もう一つのクリップにつけて、長くして、あげてみました。どうして長くなるか、みんなで考えました。おもしろかったでした。

指導上のポイント

これらの子どもの特徴的誤用のため、ときどき文がわかりにくくなる場合があります。書く前に子どもと対話をしたり、書いたものを再読し、推敲したり、子どもに意味を確かめたりしながら、子どもが書きたいことを文にする力を育てたいものです。

小学校　中高学年　書く　レベル 5	
このレベルの主な特徴	書くことにおいて自立しつつあるが、複雑さと正確さは、限られているレベル
子どもの様子・ことばのやりとり	1. 自分一人で書けるようになり、語彙とテクストをコントロールする力を身につけてきている。 2. 補助は依然必要であるが、簡単な説明文、物語文、話の再生やその他のテクストを、学年に期待されるレベルで、独力で書くことができる。 3. しかし、JSL 児童の特徴的誤用は依然見られる。 4. 語彙の不足、語句のニュアンスの違いについての知識不足、使える構文が限られているなど、日本語全般の力が限られているために、書かれたものに「深み」がない。 5. 「話し言葉」の特徴が「書き言葉」にあまり表れなくなり、在籍学年に期待されるレベルで、より「書き言葉」らしくなってくる。 6. 第一言語と第一言語による読み書き能力よりも、日本語と日本語による読み書き能力を活用し始める。 7. 自分が表現したいことを日本語で書けない場合に、第一言語を使用することが勧められれば、第一言語で書く場合もある。 8. 第一言語で経験したことをもとに、日本語で書くことを理解しようとする。 9. 日本語で「書く」力は弱くても、第一言語を使う家庭・地域社会などでは、子どもの年齢に応じた範囲で、第一言語を書くことができる。ただし、個人差がある。

レベル 5 は長い坂

多くの子どもたちが「書く　レベル 5」で困難に直面します。その困難とは、より複雑な内容をどのように書くかが、子どもにはわかりにくいという課題です。その課題を乗り越えるには、総合的な日本語の力をつけなければならないため、時間もかかります。一方、このレベルの子どもは、独力である程度書けるようになると、それで十分と思うようです。その結果、教師から見ると、このレベルに長く停滞しているように見える子どももいます。特に、日本語の基礎的知識がまばらな子どもや、第一言語での読み書き学習が中断した子どもにとっては、レベル 5 は長い坂のように感じられるかもしれません。この坂を登りきるには、子ども自身の努力にゆだねるのではなく、教師の励ましと継続的な支援が必要です。

解説⑤　レベル５の長い坂を越えて

このレベルの子どもは、ひとりでいろいろな文章を「書く」力があります。しかし、難しい話題や言葉、表現は避け、このレベルの範囲内で書くことで、やり過ごすことがあります。この長い坂を登り、越えていくためには、文章を書くプロセスで、より個別で細かく指導することが必要です。多くの現場で、このレベルの子どもは放置され、自分で「書く」力をつけることを期待されますが、それは誤りです。

2

接続詞、複合動詞などを使い、さまざまな複文、文構造を書くことを試すようになる。
この試みは言語発達の表れである。しかし、語彙や時制、助詞、動詞の活用変化に誤りは表れ続ける。

3

・文章に見られるJSL児童の特徴的誤用
　例：主語と動詞の呼応関係や時制、自他動詞の混合、助詞や句読点の欠落、語彙・漢字の不適切さ、など。
・文章の流暢さはやや欠ける面もあるが、意味伝達を妨げることは少ない。

<u>このレベルの６年生の作文例</u>

６年生になって学校は毎日楽しいです。私は先生の言うように「クラスの友情と絆」は大事なことだなと思いました。みんなで話しあい、さいごの運動会だからみんなで「ピラミッド」にしました。運動会当日「ピラミッド」がかんせいしました。すごおくうれしかったです。６年生は、「友情と絆」を深めたので「ピラミッド」がかんせいできたと思います。

指導上のポイント

自分が書いた文章を適切に自己評価できるほど、「書き言葉」に関する日本語の知識が十分ではない場合があります。たとえば、長い文章が良いと考えたり、文章の一貫性や内容と長さなどについて誤った理解をしている場合があります。対話を通じ、共により良い表現や文を考えたり、クラスメイトの書いた文章を読んで意見を言ったりする機会を増やすことで、文章の流れや構成を考える力を育成したいものです。

小学校　中高学年　　書く　　レベル６	
このレベルの主な特徴	日本語をかなり書くことができるレベル
子どもの様子・ことばのやりとり	1. 年齢と学年に応じた範囲内で、日本語をかなり書けるようになる。 2. 複雑な日本語文法力が発達している。 3. 慣用句、メタファー、ユーモアなど、文化的な負担が大きい語句を使うことはできない場合がある。 4. JSL児童の特徴的誤用はいくらか残るが、それは意味伝達の妨げにはならない。 5. 書く前や書いている間に、自分の考えや言葉を処理するのに時間がかかる。時間が与えられれば、多様な表現を用いて文章を書くことができる。 6. 日本の文化的話題について書くことは難しい場合がある。 7. 日本語の発達により、第一言語や第一言語の概念や考え方にあまり頼らなくなる。しかし、第一言語を書くことができ、日本語で書くことについて、第一言語や第一言語を通じて得た社会知識を役立てる場合がある。ただし、個人差がある。

解説⑥　「書く」力は総合的な力

「書く」力は、「聞く」「話す」「読む」力と関連する総合的な力です。「レベル５は長い坂」ですから、レベル５でもレベル６でも支援が必要です。特に、接続表現や文末表現のバリエーションを提示し、意味の違いを一緒に考えることや、言いたいことをどう構成すると読み手に伝わるかなど、複文の作り方から文章構成まで丁寧に指導することが必要です。そのプロセスには、子どもの主体的な発想から、教師と子ども、また子ども同士の対話を活発化し、同時に、書いたものを「共通教材」として使用し、みんなで検討するような活動が含まれます。「書く」力は総合的な力なのです。「書く」ことにも、主体的で対話的な深い学びを生み出したいものです。

1

主題と細かい描写や説明などを、適切な接続詞や表現を使って、効果的な段落構成を作ることができる。

2

・語り手や書き手の気持ちや視点を表す文末表現：「～したい」「～はずだ」「～らしい」「～べきだ」「～とは限らない」など。

・相手や場面、表現方法などを考えた表現：「～してほしい」「～してください」「～していただきたい」など。

これらの違いを理解して適切に表現できる。

指導上のポイント

自分が書いた文章を適切に自己評価する力を育成することが大切です。自分の言いたいことや伝えたい内容を正確に表現するにはどのような語彙や表現が適切なのか、また、どのような構成が適切なのかなどを考える課題や、他のクラスメイトの書いた文章を一緒に読んで、自分だったらどう表現するかを考えることも大切です。

いずれも、対話を通じ、共により良い表現や文を考えたりする機会を増やすことで、どのように書くかの意識を育成し、自己評価力を高めていくことが大切です。

小学校　中高学年　書く　レベル7	
このレベルの主な特徴	日本語で十分に書くことができるレベル
子どもの様子・ ことばのやりとり	1. 年齢と学年に応じた範囲内で、日本語で十分に書くことができる。 2. 目的や読み手に応じ、生活場面や学習場面を考えて、文章を書くことができる。 3. 与えられた時間内に書くことができる。 4. 十分に発達した4技能を使うことができる。 5. ただし、日本の文化的話題について書く場合は、ときどき困難を感じる場合がある。 6. ときどき、JSL児童の特徴的誤用が見られるが、それも比較的まれなものである。 7. 日本語の発達により、第一言語や第一言語の概念や考え方にあまり頼らなくなる。しかし、第一言語を書くことができ、日本語で書くことについて、第一言語や第一言語を通じて得た社会知識を役立てる場合がある。ただし、個人差がある。

解説⑦　「ことばの力」はすべての基礎

聞くことも、話すことも、読むことも、書くことも、すべてコミュニケーションです。第一言語や日本語を使用する環境で成長する子どもにとって、コミュニケーション活動はとても大切です。「聞く」「話す」「読む」「書く」という4技能はバラバラではありません。一つの技能に焦点を置く場合でも、言語活動はすべての技能を動員する活動になります。そして、その言語活動には、自分と向き合い、考え、その考えを他者に発信する総合的なコミュニケーション能力が不可欠です。同時に、教師は、そのコミュニケーション能力に、複言語の「ことばの力」が含まれていることを理解することが大切です。一人の子どもの「ことばの力」は、複雑で、不均質ですが、それが全体として一つになり、一人の人間を形成しているという見方に立って、実践を考えることが大切です。

2

複雑で抽象的な学習活動（例：実験レポート、調べ学習、スピーチの原稿作り、など）で、より正確に意味を伝えるために、よく考え、辞書や参考書から適切な表現を選ぶことができる。

指導上のポイント

レベル6あるいはレベル7になると、教師はそれ以上の指導が必要ないと感じるかもしれません。しかし、ときどき、個別に声をかけることは、依然、必要です。また、同時に、引き続き見守っていく教師の姿勢や学校の態勢も、必要です。このレベルの子どもは、在籍クラスで他の子どもと同じように学習活動に参加できる力があります。第一言語を含めた「ことばの力」を大切にする姿勢が、子どもの自尊感情やアイデンティティを育てます。その意味で、すべての教師は「ことばの教師」になることを考えましょう。

JSLバンドスケール　小学校

子どもの様子・ことばのやりとり	レベル１ 初めて日本語に触れるレベル	レベル２ よく耳にする日本語表現を理解し始めるレベル	レベル３ 「身近な話題」について、簡単な日本語でやりとりができるようになるレベル
	□初めて日本語に触れるため、黙っている。 □他の子どものやっていることを真似て、教室活動に参加したりする。 □第一言語での経験をもとに、身振りやイントネーションの意味を理解しようとする。 □人と対面しているとき、身振りや視覚的に得られることなどを手がかりに相手の意図を理解することがある。しかし、日本語を理解しているわけではない。 □言語的な負担が多くなると、集中力が続かなくなる。 □自分の第一言語を話す人に説明や翻訳を求める。	□挨拶や簡単な指示を理解し、応えることができる。 □身振りを使い、態度で対応しようとする。 □日本語の新しい言葉を理解したり、日本語で返答したりするには、時間がかかる。 □在籍クラスでは、クラスメイトの話し合いやクラス活動での日本語は、ほとんど理解できない。 □そのため、子どもは、疲れやすく、集中力が続かないことがある。 □学習の手順や学習内容を理解するために、第一言語を話す仲間や大人と第一言語で積極的に話す。 □第一言語の影響で、日本語の音（たとえば、清濁の区別）が聞き取れないことがある。	□「身近な話題」について、教師が絵や身振りなどを使って説明すると、簡単なやりとりは聞き取ることができる。 □簡単な教室指示に従うことができる。 □一対一の対面で、教師が重要な言葉を繰り返したり簡単な短い言葉で言い換えたりすると、理解できる。ただし、細かい部分を理解することはまだ難しい。 □在籍クラス全体でのやりとりについていくのは難しい。 □新しい語句を理解するには、時間がかかる。 □他の子どもたちが話しているような、雑音があるところでは、十分に聞き取れない。 □理解できていないことを隠したりする場合がある。

共通する特徴

・第一言語で経験したことをもとに、日本の学校文化（規則や学校で期待されることなど）を理解しようとする。（レベル１～３）／第一言語で経験したことをもとに、学校文化や学習内容を理解しようとする。（レベル４、５）／第一言語で経験したことをもとに、学校文化や学習内容を理解することがある。（レベル６、７）
・第一言語に関わる文化的知識や態度、価値観を持っていることがある。

このチェックリストは、各レベルの主な特徴をまとめたものです。子どもの日本語の発達段階を把握するために使用しましょう。詳しい情報や例は本文をご参照ください。

中高学年　「聞く」チェックリスト

レベル4 「身近な話題」から、「目の前にないもの」も理解しようとするレベル	レベル5 さまざまな日常場面で日本語を理解するようになるが、学習場面では理解する力はまだ限られているレベル	レベル6 ほとんどの生活場面で日本語を十分に理解するようになるが、学習場面では聞き取れない部分がまだあるレベル	レベル7 日本語を十分に理解できるレベル
□教室で毎日繰り返される日常的な場面や遊びなどで使われる日本語は聞いて理解できるが、ときどき支援が必要になる。 □学習場面では、絵、図表、資料など、文脈を理解する補助があれば、学習内容を理解し始める。また、わかりやすい語句で、明確に筋道立てて手順ややり方が説明されれば「目の前にないもの」も理解しようとする。 □語彙も増えてきているが、まだ限られており、支援がなければ在籍クラスでの学習内容を聞いて十分に理解することはできない。 □助詞や文末表現、また複文などが理解しにくいため、会話や説明が長くなると、多くの部分で聞き落としがある。 □在籍クラスで教師の質問を聞いて理解したり、クラスメイトの発言を聞いて理解するには、時間がかかる。 □馴染みのない話題を聞くときは、集中力が続かない。ただし、テレビのアニメなど、物語のあらすじを理解することがある。	□日常的な生活場面では、年齢に応じた日本語が理解できる。特によく知っている話題の場合は、特別な補足や説明の繰り返しなどをほとんど必要としない。 □学習場面でも、よく知っている話題で、言語面への補助があれば、学習内容を理解できる。 □しかし、学習場面で、言語面の補助がないまま普通の速さで、教師が複雑な言い回しや表現、概念を使って説明したり、話題を発展させたりすると、理解するのは難しい面もある。 □語彙や文法知識が足りないときは、細部を聞き逃したり、話の筋道を見失うことがある。 □話題に馴染みがなかったり、新しい言葉が多かったりすると、集中力が途切れることがある。	□年齢と学年に応じた生活場面や学習場面で、言語面への補助がなくても、ほとんどの内容が理解できる。 □新しい話題も理解し、また教師が普通の速さで話題を発展させてもほぼ理解できる。 □クラス全体の話し合いやグループ活動などでも、友だちや教師が話している内容をほぼ理解できる。 □ただし、語彙や表現、文法知識がすべて定着しているわけではなく、会話の展開が速いときは、話についていけないときがある。 □社会文化的な経験や知識が足りず、聞きもらすことがある。	□年齢と学年に応じた生活場面や学習場面で聞く日本語は、十分に理解できる。 □学年に応じた教育テレビ番組を聞いて、理解できる。 □聞くことに集中でき、また、周囲の雑音があっても聞き取れる。 □ただし、社会文化的な経験や知識が足りず、聞きもらすことがある。

・日本語を「聞く」力はなくても、第一言語を使う家庭・地域社会などでは、子どもの年齢に応じた範囲で、第一言語を聞いて理解することができる。ただし、個人差がある。(レベル1、2）／日本語を「聞く」力はまだ十分ではないが、第一言語を使う家庭・地域社会などでは、子どもの年齢に応じた範囲で、第一言語を聞いて理解することができる。ただし、個人差がある。(レベル3、4）／第一言語を使う家庭・地域社会などでは、子どもの年齢に応じた範囲で、第一言語を聞いて理解することができる。ただし、個人差がある。(レベル5～7)

子どもの名前 ＿＿＿＿＿＿＿＿　記入日 ＿＿／＿＿／＿＿　記入者名 ＿＿＿＿＿＿＿＿

JSLバンドスケール　小学校

子どもの様子・ことばのやりとり	レベル1 初めて日本語で話すレベル	レベル2 よく耳にする日本語表現を話し始めるレベル	レベル3 「身近な話題」について、簡単な日本語でやりとりができるようになるレベル
	□言いたいことが言えず、身振りで伝えようとする。 □単語一つの一語文で、意味を伝えようとする。二語文になることもある。 □教師や他の子どもが言った語句をそのまま繰り返す。 □意味を確認するために、同じ第一言語を話すクラスメイトに第一言語で話しかけたり、通訳を求めたりする。 □学習活動の中で、身振りで応えたり、他の人の行動を真似たりすることがある。 □周りを注意深く観察するが、話さない場合もある。	□身近な場面で使う挨拶などの言葉を覚え、使い始める。 □身振りや具体物に頼ってコミュニケーションを行い、それをわかってくれる人と行動をともにする。 □質問を繰り返したり、他の子どもの発言を真似たりする。 □日本語力がついてくると、周囲に働きかけようとするが、まだうまくやりとりができない。 □意味を伝えるために、日本語のイントネーションなどを使い始める。 □意味を確認するために、同じ第一言語を話すクラスメイトに第一言語で話しかけたり、通訳を求めたりする。	□日常会話において、二語文、三語文から、徐々に自分の言葉で話し出す。 □身近なことや好きなことについて一対一の会話に参加できるが、限られた日本語力しかないので、言いたいことを日本語でどのように言うか考えるために時間がかかったり、考えながら、あるいはつかえながら話す。 □全般的に、間違いを恐れず、話すようになる。 □教師の補助（言い換え、わかりやすい語句、視覚教材など）があり、身近な話題なら、会話に参加できるが、在籍クラスの授業では教師とクラスメイトの会話に参加することは難しい。 □接続詞が限られているため、単文を使った発話が多く、複文を使った発話は少ない。
	共通する特徴 ・第一言語で獲得した会話のスキルをもとに、コミュニケーションをとろうとする。 ・第一言語に関わる文化的知識や態度、価値観を持っていることがある。		

このチェックリストは、各レベルの主な特徴をまとめたものです。子どもの日本語の発達段階を把握するために使用しましょう。
詳しい情報や例は本文をご参照ください。

中高学年　「話す」チェックリスト

レベル4 「身近な話題」から、「目の前にないもの」についても日本語で話そうとするレベル	レベル5 さまざまな生活場面で日本語を使用する力が定着してきているが、学習場面では、表現する力はまだ限られているレベル	レベル6 ほとんどの生活場面で日本語を十分に使えるようになるが、学習場面では表現できない部分がまだあるレベル	レベル7 日本語を十分に使用することができるレベル
□身近な話題を超えて、日本語の使用が広がり、習った日本語を使い始める。 □よく聞いてくれる相手がいれば、自分の生い立ちや最近の出来事などについて、順を追って話すことができる。 □しかし、使える接続詞はわずかで（けど、だって、でも、など）、在籍クラスの授業で教師の質問に的確に答えるのはまだ難しい。「はい」「いいえ」を超える質問にはなかなか答えられない。 □クラスメイトが使うような表現（～でね・うーんとね・～じゃん・でもさー、など）を使いながら話を続けることができるが、長い発話は途切れがちで、より正確に言おうとすると、ブツブツと途切れる。 □知っている日本語を駆使して日本語を話そうとするので、正確さに欠ける（たとえば時制の認識や使い方）が、その発話は理解できないほどではない。 □助詞はまだ習得途中で、助詞が抜けたり、助詞を適切に使えなかったりすることもある。	□日常的に行われている主な教室活動に参加することができる。 □コミュニケーションのつまずきをほとんど起こさずに話すことができる。 □在籍クラスの教室活動には他のクラスメイトと協力して参加できる。しかし、話す速度が速かったり、馴染みのない話題や文化的要素が多く含まれている話題の場合には、会話に参加できないことがある。 □学習場面において、複雑な内容や概念を日本語で表現することが困難な場合がある。 □語彙は増えているが接続表現が限られており、深い内容を表現できず、細かい議論に参加できない場合がある。	□年齢と学年に応じた生活場面や学習場面に、積極的に参加することができる。 □教師やクラスメイトの助けをほとんど借りずに自分自身の考えや意見を述べることができる。 □学習内容が知らないことであっても、内容や語句をきちんと教えられればより複雑な考えが理解でき、かつ表現できる。また他の人にそれを説明することもできる。 □複雑な表現や微妙な表現を運用する力が育ちつつある。 □ただし意図を正確に表現することは依然として困難な場合がある。 □何かを伝えるときに必要な語彙がわからない場合でも、すでに学習した語彙を使って何とか伝えることができる。	□年齢と学年に応じた生活場面や学習場面で、流暢かつ正確に、口頭でコミュニケーションができる。 □社会文化的な経験や知識が足りずに理解できないときは、質問することができる。 □日本語で正確な言い方を知らない場合には、別の言い方で手際よく説明することができる。

・日本語を「話す」力はなくても、第一言語を使う家庭・地域社会などでは、子どもの年齢に応じた範囲で、第一言語を話すことができる。ただし、個人差がある。（レベル１～３）／第一言語を使う家庭・地域社会などでは、子どもの年齢に応じた範囲で、第一言語を話すことができる。ただし、個人差がある。（レベル４～７）

子どもの名前 ＿＿＿＿＿＿＿＿＿＿　記入日 ＿＿／＿＿／＿＿　記入者名 ＿＿＿＿＿＿＿＿＿＿

JSLバンドスケール　小学校

	レベル1 初めて日本語に触れるレベル	レベル2 日本語の文字や短い語を理解し始めるレベル	レベル3 短い日本語のテクストを理解し始めるレベル
子どもの様子・ことばのやりとり	□よく目に入る文字や単語を理解することができる。 □読んでいることを示すために、読んでいるふりを見せることがある。 □ひらがなやカタカナに慣れるまでは、読む力は限定的なものに留まる。文脈上の手がかり（絵や図など）に頼ることが多い。	□日常生活で目に入りやすい文字や記号、文字のまとまりを識別できる。 □ひらがなやカタカナはほぼ読むことができる。ただし、形や音の似ているものを混同することがある。 □テクストの意味をつかむために、挿絵、文字の形、語句の一部などをヒントに読もうとする。 □積極的に本を読む態度を見せる。 □テクストの中の絵や文字から、名詞や動詞の意味を部分的につかむこともあるが、助詞、接続表現、時制などに関する語は理解できない。	□身近な内容について書かれた短いテクストを、視覚的な助けや場面から推測しながら読むことができる。 □短く単純で、繰り返しが多い物語を読むことができる。また、自分が知っている部分では読みに参加できる。 □補助があれば、短いテクストやリライト教材を読むことができる。 □簡単な指示文を読むことができる。 □「だから」「そして」「その」など、基礎的な接続詞、指示詞を理解し始めている。
	共通する特徴 ・第一言語で経験したことをもとに、日本語の文字や文を理解しようとする（例：漢字圏出身の子どもは、漢字から意味を類推する）。 ・第一言語に関わる文化的知識や態度、価値観を持っていることがある。		

このチェックリストは、各レベルの主な特徴をまとめたものです。子どもの日本語の発達段階を把握するために使用しましょう。
詳しい情報や例は本文をご参照ください。

中高学年 「読む」チェックリスト

レベル４ 日本語能力が伸長するにつれ、読む範囲が広がっていくレベル	レベル５ 多様なテクストを読むようになるが、深く理解する力はまだ弱いレベル	レベル６ 多様なテクストをかなり読めるようになっているが、部分的な理解不足がまだあるレベル	レベル７ 日本語のテクストを十分に読むことができるレベル
□文化的な情報を多く含んでいない、簡単な文と構成の物語を楽しみながら読むことができる。 □日本語で読んだ簡単な物語を口頭で再現することができる。 □身近な話題についてのさまざまなテクストから、事実に基づく情報を得ることができる。しかし、まだ教師の支援や視覚的な補助を必要とする。 □在籍クラスの教科書は、途中で理解できなくなったり、断片的な理解に留まったりする。 □日本語を「読む」力は、これまでの口頭でのやりとりや読む活動で出会った語彙の量に制限される。	□生活場面、学校場面に関する多様なテクストを読んで理解できる。 □ただし、学習教材の理解の「深さ」は、総合的な日本語力に制限される。 □新しい内容のテクストを読む場合、語彙の説明、文脈的情報、概念の説明などの教師の補助が必要であり、それらを理解するための時間が多く与えられれば、要旨を把握することができる。 □長くて複雑なテクストを深く理解するために必要な「読む」力は、弱い。	□年齢と学年に応じた範囲内で、たいていのテクストを読んで理解できる。 □ただし、文化的知識が必要な内容の場合は理解が困難なこともある。 □長いテクストの筋を見失わずに読める。 □複雑な構文を理解することができ、読むのに必要な幅広い語彙を持つ。	□年齢と学年に応じた範囲内のテクストを読んで理解できる。 □在籍クラスで与えられる「読む課題」に自力で対応できる。 □ただし、文化的知識が必要な内容の場合は理解が困難なこともある。

・日本語を「読む」力はなくても、第一言語を使う家庭・地域社会などでは、子どもの年齢に応じた範囲で、第一言語を読んで理解することができる。ただし、個人差がある。(レベル１、２)／日本語を「読む」力は弱くても、第一言語を使う家庭・地域社会などでは、子どもの年齢に応じた範囲で、第一言語を読んで理解することができる。ただし、個人差がある。(レベル３～５)／第一言語を使う家庭・地域社会などでは、子どもの年齢に応じた範囲で、第一言語を読んで理解することができる。ただし、個人差がある。(レベル６、７)

子どもの名前 ________________　記入日 ____／____／____　記入者名 ________________

JSLバンドスケール　小学校

子どもの様子・ことばのやりとり	レベル１ 初めて日本語で書くレベル	レベル２ 日本語で書くことを試み続けるレベル	レベル３ 短い文を日本語で書き始めるレベル
	□日本語の文字を書き写すことができる。 □他の人が書いたものを真似る。 □自己表現として、絵や文字らしいものを書く場合もある。 □文の書き方が日本語と異なる言語を第一言語とする場合、覚えるのに時間がかかる場合がある。	□身の回りにある文字や教師の書いたものを書き写すことができる。 □補助があれば、描いた絵にタイトルをつけたり、自分の名前を書いたりできる。 □漢字の書き順が示されれば、それを書き写したり、書いたりできる。 □ひらがなやカタカナが定着しつつあるが、まだすべて書けるわけではない。	□よく知っている話題について、適切な補助があれば、短い文を書くことができる。 □子どもの「話し言葉」に見られる誤用を反映した文を書く。 □単文を書くことができる。ただし、使える接続詞は限られており、複文はまだ作れない。 □知っている漢字を使うことができるが、その数は限られている。 □在籍クラスで行われる、書くタスクをこなすのは困難である。
	共通する特徴 ・自分が表現したいことを日本語で書けない場合に、第一言語を使用することが勧められれば、第一言語で書く場合もある。（レベル１～5） ・第一言語で経験したことをもとに、日本語で書くことを理解しようとする。（レベル１～5）		

このチェックリストは、各レベルの主な特徴をまとめたものです。子どもの日本語の発達段階を把握するために使用しましょう。
詳しい情報や例は本文をご参照ください。

中高学年　「書く」チェックリスト

レベル 4 学習したことをもとに、長く複雑な文を日本語で書こうとするレベル	レベル 5 書くことにおいて自立しつつあるが、複雑さと正確さは、限られているレベル	レベル 6 日本語をかなり書くことができるレベル	レベル 7 日本語で十分に書くことができるレベル
□教師とともに読んだものをモデルに、物語文や説明文などの簡単な文章を書くことができる。 □いろいろ書くことを試し続ける。 □しかし、JSL 児童の特徴的誤用は依然見られる。 □以前より長く、そして速く書けるが、日本語の力は限られているため、日本語で書いたものの「深さ」は、まだ十分ではない。 □在籍クラスで行われる、書くタスクをこなすのは、まだ困難である。	□自分一人で書けるようになり、語彙とテクストをコントロールする力を身につけてきている。 □補助は依然必要であるが、簡単な説明文、物語文、話の再生やその他のテクストを、学年に期待されるレベルで、独力で書くことができる。 □しかし、JSL 児童の特徴的誤用は依然見られる。 □語彙の不足、語句のニュアンスの違いについての知識不足、使える構文が限られているなど、日本語全般の力が限られているために、書かれたものに「深み」がない。 □「話し言葉」の特徴が「書き言葉」にあまり表れなくなり、在籍学年に期待されるレベルで、より「書き言葉」らしくなってくる。 □第一言語と第一言語による読み書き能力よりも、日本語と日本語による読み書き能力を活用し始める。	□年齢と学年に応じた範囲内で、日本語をかなり書けるようになる。 □複雑な日本語文法力が発達している。 □慣用句、メタファー、ユーモアなど、文化的な負担が大きい語句を使うことはできない場合がある。 □JSL 児童の特徴的誤用はいくらか残るが、それは意味伝達の妨げにはならない。 □書く前や書いている間に、自分の考えや言葉を処理するのに時間がかかる。時間が与えられれば、多様な表現を用いて文章を書くことができる。 □日本の文化的話題について書くことは難しい場合がある。	□年齢と学年に応じた範囲内で、日本語で十分に書くことができる。 □目的や読み手に応じ、生活場面や学習場面を考えて、文章を書くことができる。 □与えられた時間内に書くことができる。 □十分に発達した 4 技能を使うことができる。 □ただし、日本の文化的話題について書く場合は、ときどき困難を感じる場合がある。 □ときどき、JSL 児童の特徴的誤用が見られるが、それも比較的まれなものである。

・日本語で「書く」力はなくても、第一言語を使う家庭・地域社会などでは、子どもの年齢に応じた範囲で、第一言語を書くことができる。ただし、個人差がある。（レベル 1 ～ 4）／日本語で「書く」力は弱くても、第一言語を使う家庭・地域社会などでは、子どもの年齢に応じた範囲で、第一言語を書くことができる。ただし、個人差がある。（レベル 5）／日本語の発達により、第一言語や第一言語の概念や考え方にあまり頼らなくなる。しかし、第一言語を書くことができ、日本語で書くことについて、第一言語や第一言語を通じて得た社会知識を役立てる場合がある。ただし、個人差がある。（レベル 6、7）

子どもの名前 ＿＿＿＿＿＿＿＿　記入日 ＿＿／＿＿／＿＿　記入者名 ＿＿＿＿＿＿＿＿

5
付　録

解説一覧

小学校　低学年

【聞く】

解説①　「黙っている」
解説②　「わかる」とは
解説③　「身近な話題」とは
解説④　「目の前にないもの」とは
解説⑤　なぜ学習場面では理解が難しいのか
解説⑥　「聞く」力とは何か
解説⑦　「年齢と学年に応じた」とは①

【話す】

解説①　「第一言語の力」
解説②　「わかってくれる人と、行動をともにする」とは
解説③　日本語の力がつくと、態度が変わる
解説④　「もう指導は必要ない」と思うとき
解説⑤　「深い内容」とは何か
解説⑥　「話す」力とは何か
解説⑦　「日本生まれの、日本語を学ぶ子どもたち」

【読む】

解説①　「読む」とは何か
解説②　多様な背景を持つ子どもたち
解説③　「短い日本語のテクスト」とは
解説④　「文脈的な手がかり」とは
解説⑤　レベルにあった多読のすすめ
解説⑥　低学年の子どもの「読む活動」
解説⑦　「年齢と学年に応じた」とは②

【書く】

解説①　「書く」構えを作る

解説②　「書くこと」から、学びの喜びを

解説③　「短い文を書き始める」

解説④　「モデル文」とは

解説⑤　1年生が書けること

解説⑥　「一次的ことば」から「二次的ことば」へ

解説⑦　「ことばの力」の基礎を築くこと

小学校　中高学年

【聞く】

解説①　「第一言語で聞く」

解説②　「日常的な言葉」を理解するとき

解説③　「一対一の対面で話す」とは

解説④　「物語を聞く」とは

解説⑤　なぜ学習場面では理解が難しいのか

解説⑥　「聞く」力と語彙

解説⑦　「年齢と学年に応じた」とは③

【話す】

解説①　「第一言語の力」

解説②　「第一言語の影響」

解説③　日本語の力がつくと、積極的になる

解説④　なぜ「もう指導は必要ない」と思うのか

解説⑤　「深い内容」とは何か

解説⑥　「話す」力とは何か

解説⑦　「年齢と学年に応じた」とは④

【読む】

解説①　「読む」力とは何か

解説②　多様な背景を持つ子どもたち

解説③　「読む」ことと「見る」こと

解説④　「文脈的な手がかり」

解説⑤　レベルにあった多読のすすめ

解説⑥　多様な背景のある子どもの「読む活動」

解説⑦　「年齢と学年に応じた」とは⑤

【書く】

解説①　第一言語による読み書き経験が少ない子どもの場合

解説②　「書くこと」から、学びの喜びを

解説③　「短い文を書き始める」

解説④　「モデル文」と「深さ」

解説⑤　レベル５の長い坂を越えて

解説⑥　「書く」力は総合的な力

解説⑦　「ことばの力」はすべての基礎

キーワード解説

本書で使用される用語について、説明します。

JSL	第二言語としての日本語（Japanese as a Second Language：JSL）をいいます。
子ども	本書では、国籍にかかわらず、日本国内で日本語を第二言語（Japanese as a Second Language：JSL）として学ぶ子どもをいいます。また日本語を第一言語とする子どもで海外で長く過ごした後に帰国し日本語を学ぶ子どもも含め、「JSL児童」ともいいます。本書（小学校編）は、小学校の児童を対象にしており、就学前の子どもを含んでいません。
教師	本書ではわかりやすい表現として「教師」を使っていますが、教員免許の有無にかかわらず、子どもに関わる指導者や実践者の意味も含みます。
ことばの力	日本語だけではなく、第一言語など複数の言語による総合的なコミュニケーション能力をいいます。
在籍クラス	子どものホームルームとなるクラスを想定するときに使用します。
第一言語を使用する家庭・地域社会	子どもの第一言語を使用する家庭や「母語教室」、教会など、子どもの生活全般を含みます。
テクスト	意味を持つ言葉のまとまりをいいます。学校の教科書だけを意味しません。役所の文書も、物語の文章も、「止まれ」のような表示やメールも、ツイッターもテクストです。テクストの意味は、文脈によっても異なるので、文脈の中で意味を理解することが必要です。
沈黙期間	新しい言語の世界に入った初期の段階で見られる「話さない時期」のことをいいます。子どもは周りを観察し、必要な情報を吸収していますので、黙っていても話し手の意図を理解している場合があります。この期間は、1ヶ月、3ヶ月、半年など、子どもによっても異なります。この期間の子どもに無理に話させようとする指導は有効とはいえません。教師は、文脈にそくした短い言葉でやりとりを促し、気長に見守る態度が必要です。
複言語・複文化能力	複言語・複文化能力とは、一人の個人の中には複数の言語体験や文化的体験から得た知識や能力が混ざり合って存在しており、そのような能力を是とし、尊重する考え方（複言語・複文化主義）に基づく能力観をいいます。一人の個人の中に、多様な言語能力と文化理解力が混在していて、たとえそれらが部分的でも複合的に構成されている能力をいいます。
足場かけ（スキャフォールディング）	家を建てるときに足場を組み立て、家が完成すると足場をはずすように、子どもが独力で学ぶことができるようにする手立てをいいます。たとえば、「りんご」という文字が書けない子どもに、「り・ん・ご」と教えるのではなく、50音図を見ながら、子どもと一緒に文字を探したり、子どもが知っている他の語から同じ音の文字を探したりして、子どもが独力で学べるようにする手立てをいいます。
文脈	言葉の意味は言語形式によって伝えられるだけではなく、話し手と聞き手の関係性や社会的背景知識によって決まります。そのような言葉の意味が生まれるコミュニケーションの脈絡の総称を文脈といいます。コンテクストともいいます。

方略（ストラテジー）	外国語学習や外国語を使ったコミュニケーションの場面で、学習者が使用する戦略的な方法をいいます。学習するとき、新出単語をカードに書いたり、辞書で調べたりする方略（学習ストラテジー）、外国語で会話をするとき、頷いたり、聞き返したり、自分の知っている話題や文型を使ったりする方略（コミュニケーション・ストラテジー）、失敗しても自分を褒めたり、慰めたりする方略（情意ストラテジー）などがあります。
やりとり	子どもが、自分の第一言語や日本語、具体物、ジェスチャーなどを使って、教師やクラスメイトとコミュニケーションすることをいいます。「聞く」「話す」だけではなく、「読む」「書く」ことも含めて考えます。
言葉とことば	本書では、一つの単語やそのかたまりを「言葉」と表し、子どもが持つ第一言語や日本語、さらに他の言語を含めた複合的なものを「ことば」と表しています。
単文と複文	述語が一つだけの文は、単文といいます。 例：雨が降りました。 二つ以上の述語が表れる文を、複文といいます。 例：大雨が降ったので、川の水が溢れました。 この例の場合、前件の文が原因を表し、後件の文がその結果を表します。この例で、前件の文と後件の文を逆にすると、意味が通らなくなります。したがって、前件と後件は対等ではありません。
第一言語と母語	子どもが誕生後に触れ、主に使用してきた言語を第一言語といいます。多くの場合、第一言語は親の言語であるため、母語と呼ばれることもあります。ただし、人によっては、成育環境や人生のステージによっても、その人が母語と思う言語は異なる場合があります。つまり、母語はその人自身が考える、その人にとって意味のある言語をいいます。本書では、子どもが主体的に考える言語としての母語とは別に、最初に触れ、主に使用してきた言語を第一言語、その後に学んだ言語を第二言語といいます。
リライト教材	教科書などの本文を子どもの日本語力や発達段階に合わせて、読みやすいように書き直したものをいいます。リライト教材の目的は、日本語を「読む」力を育成すること、在籍クラスの子どもたちと同じ内容を学ぶことにより学習意欲を高めることなどがあります。また、リライトの仕方は、内容を要約したもの、全文をリライトしたものや、文や語を認識しやすいように分かち書きするものなどがあります。リライト教材を作成するためにも、子どもの日本語の力を把握することが大切です。
誤用	発話や文章に見られる文法的な誤りや伝達の仕方、コミュニケーション上の誤りなどをいいます。誤用が起こる原因は、第一言語の影響や日本語に関する知識不足などがありますが、大切なのは、誤用は目標言語を学習している人なら誰にでも起こるもので、言語習得上の一つの過程と捉えることです。誤用があるからといって、子どもの能力が低い、あるいは障がいがあると即断する必要はありません。JSL児童の特徴的誤用については、「小学校　中高学年　書く　レベル 4」を参照。

Q&A

Q1 JSLバンドスケールのレベルは、到達目標になりますか。

A いいえ、到達目標にはなりません。

各レベルの記述内容には、そのレベルに該当する子どもの言語使用（日本語あるいは第一言語）の様子や、方略（ストラテジー）などの情報が記述されています。その特徴と照らし合わせて、子どもの日本語の発達段階を確定してください。次のレベルの特徴を目標値として子どもを指導する必要はありません。身長測定器が2メートルまで測定可能であっても、子どもに2メートルまで伸びなさいと指導しないのと同じです。

Q2 記述文を点数化できますか。

A いいえ、点数化することはできません。

JSLバンドスケールは、子どもの日本語の発達段階を把握するために、「やりとり」が細かく記述されていますが、その一つひとつの記述文を点数化しても、「ことばの力」の全体的な把握につながりません。なぜなら、「ことばの力」は動態的なものだからです。

Q3 JSLバンドスケールは、教師の指導力を評価することに使用できますか。

A いいえ、使えません。

JSLバンドスケールは子どもの日本語の発達段階を把握し、どのように指導するかを考えるために考案されたものです。このJSLバンドスケールを、教師の指導能力を評価するために使用することは「正しい使い方」ではありません。

Q4 JSLバンドスケールは、文部科学省が行っている「日本語指導が必要な外国人児童生徒の受入れ状況等に関する調査」で使用されるカテゴリー（「日常会話に支障あり」「教科指導に支障あり」など）と同じですか。

A 違います。

文部科学省のカテゴリーは、調査統計を効率的に行うために設定されたもので、一般的な経験知による机上のものです。研究や実践に基づいて設定されているわけではありません。したがって、両者を結びつけて考えることはできません。そのような使い方も、JSLバンドスケールの「正しい使い方」ではありません。

Q5 「取り出し指導」をやめる目安になりますか。

A 「取り出し指導」をやめるかどうかの判断は、学校の態勢や子どもの様子などによって異なりますので、どのレベルが「取り出し指導」をやめるレベルとは断定できません。

できるだけ早く在籍クラスで他の子どもたちと一緒に学ぶ時間を増やすことは大切です。しかし、初期指導や子どもの日本語の発達段階によっては、「取り出し指導」を集中的に行い、特別に配慮された指導を行うことも大切です。したがって、どのレベルで「取り出し指導」をやめるかは、それぞれのケースで異なります。このJSLバンドスケールは、日本語指導担当者と在籍クラスの担任など、複数の教師の間で、当該の子どもの日本語の発達段階について共通理解を持って、「取り出し指導」で、あるいは在籍クラスで、どのような指導をしたらよいかを考えていくために開発されているのです。

Q6 子どもの日本語の発達段階を見るためのテストを作ることはできますか。

A いいえ、作ることはできません。

テストは実践と切り離された一時的なものです。したがって、もしそのようなテストを行っても、そのテストによる結果は一時的な意味しかありません。「測定的なテスト」を対話的な方法でやれば教育的だと言う人もいますが、それも一時的な、つまり、その場だけの固定的な結果しか生み出しません。

別の言い方をすれば、JSLバンドスケールは、テストで子どもを「測定する」考え方に立っていません。日常的な多様な実践を通じて、子どもの「ことばの力」の多様な側面を把握することが、子どもの総合的（ホリスティック）な実態の理解につながると考えます。そもそも、「ことばの力」は、簡便な、一時的な方法で把握できるものではありません。

また、JSLバンドスケールは、バイリンガルの子どもを育成することを目指すツールではありません。つまり、レベル7あるいはレベル8へ届かない子どもを、「失敗例」と捉える見方に立っていません。したがって、テストを作ることは考えられません。

参考文献

川上郁雄（2011）『「移動する子どもたち」のことばの教育学』くろしお出版.

川上郁雄編（2006）『「移動する子どもたち」と日本語教育――日本語を母語としない子どもたちのことばの教育を考える』明石書店.

川上郁雄編（2010）『私も「移動する子ども」だった――異なる言語の間で育った子どもたちのライフストーリー』くろしお出版.

コスト，D.，ムーア，D.，ザラト，G.（2011）「複言語複文化能力とは何か」（姫田麻利子訳）『大東文化大学紀要人文科学編』Vol.49. pp. 249-268.

ハリデー，M.A.K.（2001）『機能文法概説――ハリデー理論への誘い』（山口登・筧寿雄訳）くろしお出版.

NLLIA（1994）*ESL development: language and literacy in schools: volume 1.*（Coordinator: P. McKay）. Canberra: National Languages and Literacy Institute of Australia.

McKay, P.（ed.）（2007）*The NLLIA ESL Bandscales Version 2: Assessing, Monitoring and Understanding English as a Second Language in Schools.* Brisbane: Queensland University of Technology and Independent Schools Queensland.

State of Queensland（Department of Education）（2018）*An introductory guide to the Bandscales State Schools（Queensland）for English as an additional language or dialect（EAL/D）learners.* Brisbane: Queensland Government.

あとがき

本シリーズの『JSLバンドスケール【小学校編】』および『JSLバンドスケール【中学・高校編】』は、第二言語としての日本語（JSL）を学ぶ子どもたちの「ことばの学び」を支えるために開発されました。これら２冊を通して読んでいただくと、小学生から高校生までの成長にともなう日本語の発達段階の全容がご理解いただけると思います。

これらの２冊の『JSLバンドスケール』は、早稲田大学大学院日本語教育研究科の川上郁雄研究室で2002年以来、研究が継続的に行われ、完成したものです。この間、『JSLバンドスケール（試行版、2004)』は、本研究科の日本語教育専門家養成においてだけではなく、三重県鈴鹿市の小中学校や関東圏の小中学校、高校における日本語教育実践で使用され、子どもへの教育指導、実践デザイン、教材開発、教師研修において、その有効性が検証され、その結果を踏まえて改訂が重ねられました。

本シリーズの「JSLバンドスケール」を開発する上で、多くの方のご教示、ご支援を受けました。まず、本研究の端緒を与えてくださった、オーストラリアの故Dr. Penny McKay先生に感謝を申し上げたいと思います。先生のご専門である第二言語の英語教育と日本語教育は異なる面が多々ありますが、McKay先生の教育観や子ども観から多くの示唆を受けました。また、私のゼミでMcKay先生の業績の研究から「JSLバンドスケール」の開発と実践に協力してくれた100名を超えるゼミ生や院生、そして「JSLバンドスケール」を学校現場で実践してくださった1000名を超える先生方など、本書の開発に関わってくださったすべての方々に心より感謝を申し上げます。

また、2006年以来、「JSLバンドスケール」の有効性を認め、出版を勧めてくださり、長い間待ってくださった明石書店の大江道雅さん、編集担当の岡留洋文さんにも謝意を表します。

本シリーズが、日本各地で「日本語を学ぶ子ども」の日本語教育に関わる方々、そして今、日本語を学びながら日々奮闘している子どもたちに役立つことを願っております。

2020年4月2日　桜咲く季節を、窓越しで眺めつつ。　川上郁雄

〈著者紹介〉
川上郁雄（かわかみ・いくお）
早稲田大学大学院日本語教育研究科教授。大阪大学大学院文学研究科博士課程修了。博士（文学）。オーストラリア・クイーンズランド州教育省日本語教育アドバイザー、宮城教育大学教授等を経て、現職。専門は、日本語教育、文化人類学。文部科学省「JSLカリキュラム」開発委員、同省「定住外国人の子どもの教育等に関する政策懇談会」委員を務める。
［主な著書・編著］
『「移動する子どもたち」と日本語教育――日本語を母語としない子どもへのことばの教育を考える』（編著、明石書店、2006年）
『「移動する子どもたち」の考える力とリテラシー――主体性の年少者日本語教育学』（編著、明石書店、2009年）
『海の向こうの「移動する子どもたち」と日本語教育――動態性の年少者日本語教育学』（編著、明石書店、2009年）
『私も「移動する子ども」だった――異なる言語の間で育った子どもたちのライフストーリー』（編著、くろしお出版、2010）
『「移動する子どもたち」のことばの教育学』（くろしお出版、2011）
『「移動する子ども」という記憶と力――ことばとアイデンティティ』（編著、くろしお出版、2013）
『日本語を学ぶ／複言語で育つ――子どものことばのワークブック』（尾関史・太田裕子と共編著、くろしお出版、2014）
『公共日本語教育学――社会をつくる日本語教育』（編著、くろしお出版、2017）
『移動とことば』（三宅和子・岩﨑典子と共編著、くろしお出版、2018）

JSLバンドスケール【小学校編】
――子どものの日本語の発達段階を把握し、ことばの実践を考えるために

2020年 8月31日　初版第1刷発行
2023年10月31日　初版第2刷発行

著　者　　川　上　郁　雄
発行者　　大　江　道　雅
発行所　　株式会社明石書店
〒101-0021 東京都千代田区外神田6-9-5
電　話　03（5818）1171
ＦＡＸ　03（5818）1174
振　替　00100-7-24505
http://www.akashi.co.jp
装丁　明石書店デザイン室
印刷・製本　モリモト印刷株式会社

ISBN978-4-7503-5077-6
（定価はカバーに表示してあります）